パーフェクトレッスンブック

バレーボール

基本テク&練習法

PERFECT
LESSON
BOOK

大山加奈（元日本代表）監修

はじめに

毎日続けてきたことを詰め込んだ一冊

私は、小学2年生の時に初めてバレーボールに出会いました。幼い頃は身体が弱く、家の中でお絵描きをしているような子どもだったのに、バレーボールを始めてからは、自分でもびっくりするくらい活発で元気な子になりました。

　仲間と一緒に身体を動かす楽しさ。昨日できなかったことが今日できるようになった達成感。ひとつのボールをみんなでつないでいく一体感。

　バレーボールは、「思いやりのスポーツ」だと思っています。そして、そんなバレーボールが、今でも私は大好きです。

　この本には、バレーボールが上手くなるために私が実際に毎日続けてきた基本練習、チャレンジしてきたこと、そして仲間と一緒に取り組むチームプレーの楽しさを詰め込みました。

　これからバレーボールを始める人、もっともっと上達したい人はもちろん、指導者の方にも活用してほしいと思います。この本がボロボロになる頃には、あなたはきっと心からバレーボールを愛するプレーヤーになっています。そんな、期待を込めて。

MIKASA
MIKASA
MIKASA
MVA300
FIVB
APPROVED
FIVB
APPROVED
MVA300
MIKASA
MVA300
MVA300

CONTENTS　目次

バレーボール 基本テク&練習法

Serve receive 第3章 サーブレシーブ 55

Dig 第4章 ディグ 67

Attack 第5章 アタック 85

Training 第8章 総合練習 157

Self care 第9章 身体のケア 173

◎本書では、右利きのプレーを基本に解説しています。

上達のヒント、教えます！

各章ごとに紹介していく技術や練習方法。意識ひとつで身体の動かし方も変わってきます。ぜひポイントを頭に置きながら、取り組んでみてくださいね。

Chapter

1 Pass
2 Serve
3 Serve receive
4 Dig
5 Attack
6 Toss
7 Block
8 Training
9 Selfcare

Chapter 1

Pass

パス

手を気にしがちなパスは身体全体を使ってボールを運ぶ

パスで一番大切なことは、受け手がとりやすい、思いやりの気持ちを持つことです。味方がとりやすいボールとはどんなボールでしょうか。受け手が構えているところに運ぶこと、ボールの勢いを抑えて優しいボールを送り出すことです。

ついつい手だけでボールを運びがちですが、ボールをしっかりコントロールするためには、下半身で土台を作り、身体全体を使ってボールを運ぶことが大切。そうすることで、ボールに力が伝わり、コントロールすることができます。

とくにバレーボールをやり始めたばかりの子どもたちは、腕の力だけでボールを遠くに飛ばすことは困難です。ヒザから太ももなど下半身を意識して、背中、腕へと力を伝えていきます。自分にも味方にも優しいパスを送り出しましょう。

背筋をまっすぐ！姿勢を正したフォームを身につける

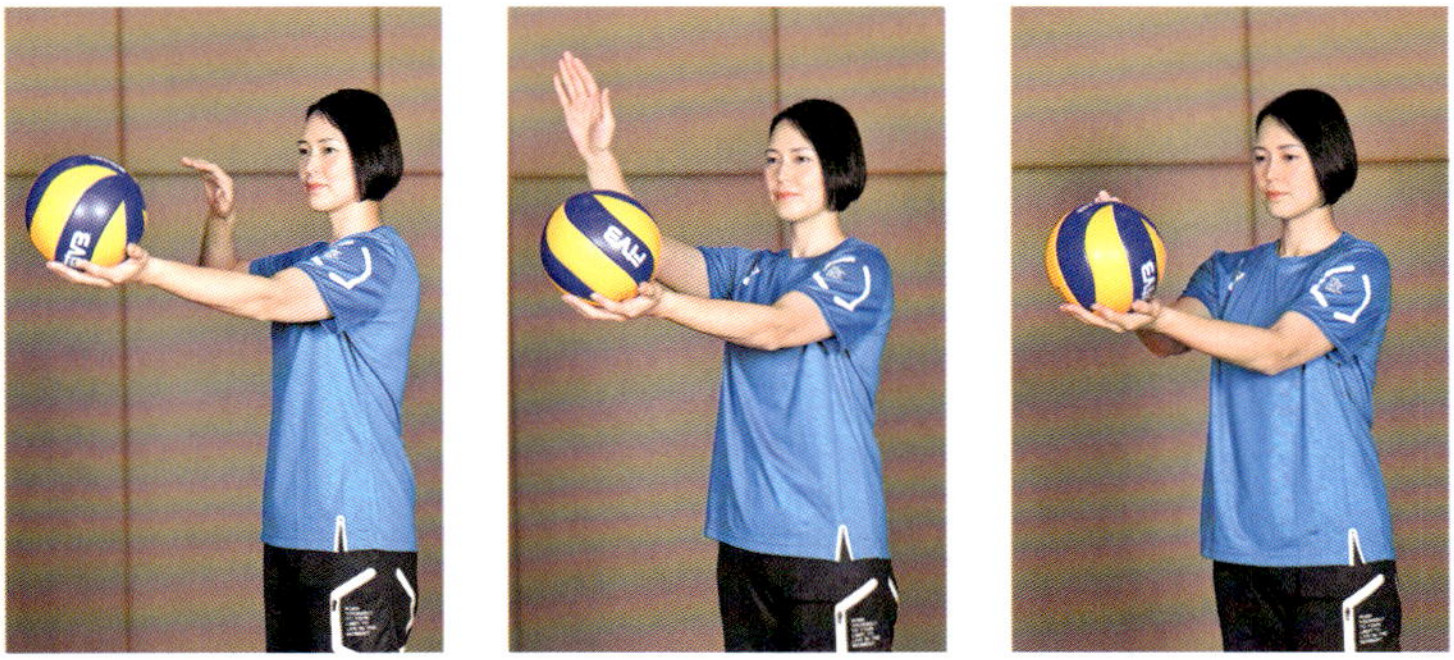

サーブの構えは各自がやりやすいフォームで。姿勢を正した状態で、打ちやすい構えを見つけましょう

Chapter 2

Serve

サーブ

サーブを打つ際にもっとも大切なことは、姿勢を正しくすることです。すごく基本的なことですが、サーブを打つ際に背中がまるまったり、身体が傾いたりしていないですか？　背筋がまっすぐ伸びていないと、トスが安定せず、ボールにうまく体重がのりません。ボールに体重を乗せることができないと力が伝わらず、コースを狙って打つのが難しくなります。

サーブを打つ時は背筋を正した状態で、ボールが打ちやすい体勢を作っておくこと。その際、手の置き場所は、自分のやりやすい位置で構いません。姿勢を維持できるベストなサーブの準備方法を見つけましょう。

相手がボールを打つ瞬間を最後まで見てレシーブに入る

Chapter 3

Serve receive

サーブレシーブ

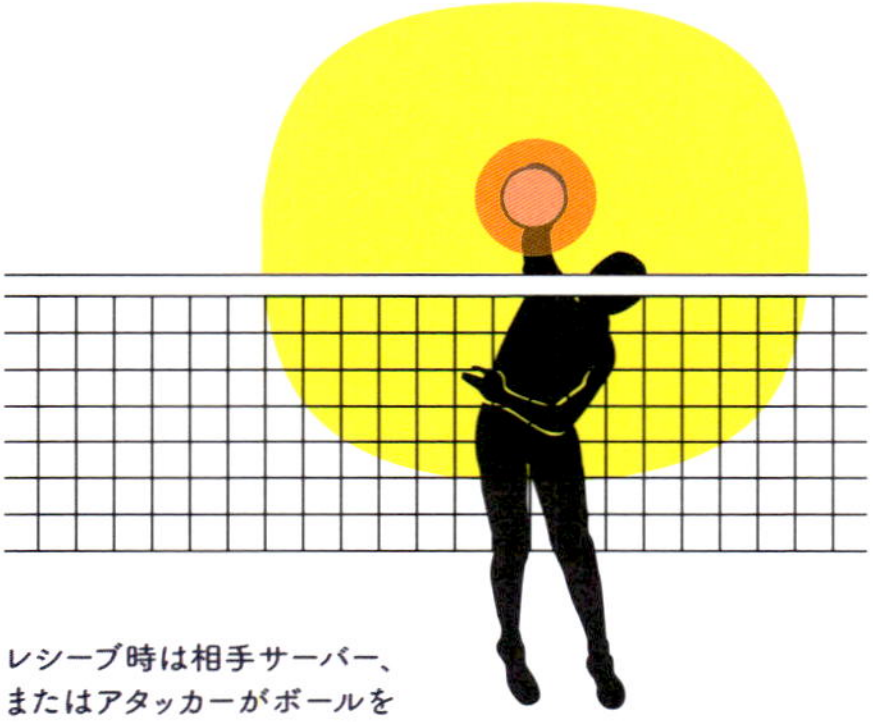

レシーブ時は相手サーバー、またはアタッカーがボールを打つ瞬間の手を見て構える。視野を　のように全体でとらえず、　のように「点」でとらえるようにする

相手選手が打ったボールをレシーブするサーブレシーブとディグのポイントは、共通しています。それは、相手がボールを打つ瞬間をしっかり見ること。手の部分を「点」としてとらえて、手首の向きやボールがくる方向を確認した後に動きます。

　決してボールがくる前に動いてはいけません。先に動いてしまう要因は、相手のサーバーやアタッカーを大きな視野でとらえることで身体が反応してしまうからです。そうではなく、相手の手とボールに視野を絞り、サーブやアタックの質を見極めてからレシーブに入ることが大切。身体の上下動がなくなり、無駄な動きを減らすことができます。

Chapter 4

Dig

ディグ

Chapter
5 Attack
アタック

肩の力だけではなく、身体の回旋を使って腕を振る

ボールを打つ動作で重要なのは、身体全体を大きく使うことです。その動作を身につけるために最初はボールをつかんで投げてみましょう。小学生は軽くてしっかり握れるタオルボール（タオルを丸めて作ったもの）がおすすめです。

野球のピッチャーをイメージして胸を開いてヒジを後ろに引き、身体を回旋させてボールを投げます。ポイントは肩の力だけではなく、腰の動きを意識すること。2人1組でボールを投げ合い、基本の動きを身につけていきます。できるようになったら、自分の前にトスを上げて同じ動きを意識してボールを打ってみましょう。

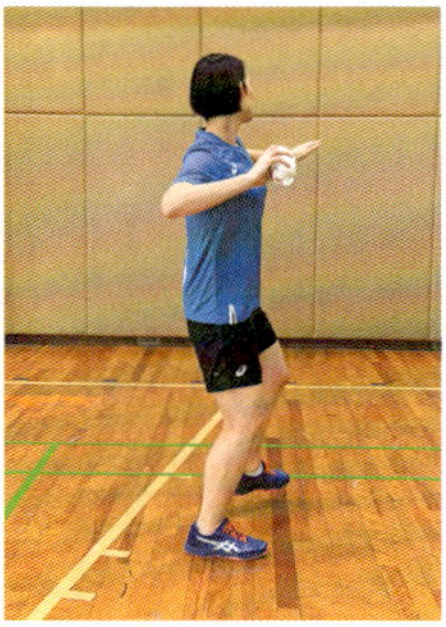

1 横向きに立ち、腕を引く準備

2 胸を開いてヒジを後ろに引く

3 投げるときは腰を回旋させながら腕を前へ持ってくる

4 ボールを正面に投げる

視野を広げることがいいトスの準備につながる

Chapter 6

Toss

トス

187ページで紹介しているボールを使ったアップも動体視力アップにつながる

トスは、レシーブとアタックの中間地点のプレー。レシーバーがどこにボールを送るのか、アタッカーは助走の準備をしているのか、相手のブロックの状態はどうなっているのか、確認しておくことがたくさんあります。大げさかもしれませんが、360度視野に入れておくことが、いいトスを上げる準備につながります。

広い視野を確保するには、159、160ページのボールを複数使った練習に取り組みましょう。ボールをさわっている時もいない時も、いろいろなところを見るようにして目をたくさん使うことを意識します。少しずつ視野が広がってきたら、どこにボールを上げたらいいか判断できるように心がけていきましょう。

ブロックは 1人で止めに行かない。 前後の連携で守る

Chapter 7

Block

ブロック

ブロックは、その名の通り、相手アタッカーの攻撃を防ぐための「カベ」。それは個人の技術で止めにいくものではなく、ブロッカー同士はもちろん、後ろにいるレシーバーとの連携でボールを拾いにいきます。

　ブロッカーは、相手の攻撃に対してどの位置でブロックを跳ぶかを伝え、レシーバーの位置を把握しておきます。ブロックの動きが遅れても、無理に止めに行こうとせず、自分が跳ぶべきポジションで手をまっすぐ上に出します。ブロッカー同士の間が空いてしまっても、そこにレシーバーがきっちり入るような関係を築いていきます。相手アタッカー1人に対して6人で守る、という意識を忘れないでください。

ブロッカーは必ずレシーバーの位置を頭に入れておく

いろいろなポジションを少人数のゲームで経験する

Chapter 8

Training

総合練習

第8章のテーマは、「ポジションは固定しない」。いろいろなポジションをやってみるには、少人数のゲームがとても効果的です。とくにネットの真ん中にアンテナを張り、コートを縦半分使った2対2は、ラリー中に必ずボールにさわるため、さぼることがなくなります。コートでは、誰もがレシーバーであり、セッターであり、アタッカー。ブロックに関しては、その時の状況に応じて跳ぶか、跳ばないかは、選手たちの判断に任せます。相手の状況を見て、作戦を考えるという習慣を身につけることができるのも、少人数ゲームの利点です。

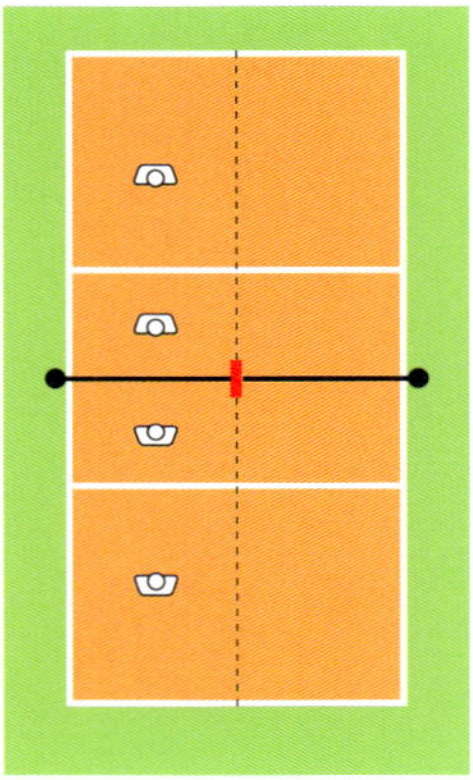

コート縦半分を使った2対2。アンテナをネット中央に張りつける

Chapter 9

Selfcare

ケア

心身ともにリラックスする深呼吸をしよう

身体をリラックスさせるポイントは、ストレッチ中にしっかり呼吸を行うこと。息を深く吸いながらポーズをとり、ゆっくり吐きながら身体の部位を伸ばします。深呼吸は、自律神経を整えて気持ちも落ち着かせるのにとても効果的です。ストレッチ時はもちろん、サーブを打つ前、サーブレシーブで構える時に一息ついてもいいでしょう。日頃の練習から呼吸を意識して取り組んでみてください。

KANAのおすすめ

ウォーミングアップ&クールダウン

練習や試合の前後のウォーミングアップやクールダウンとしておすすめしているのは、スポーツに取り組む方々のケアやトレーニングの一環として行われている「アスリートヨガ」です。深く呼吸をしながら、ゆっくりと自分のペースで柔軟性を高めていくことで、パフォーマンス向上につながります。

プレーに役立つ！
試合観戦のススメ

スポーツのビッグイベント目白押しの日本国内において、バレーボールは人気競技のひとつです。日本代表の試合を観戦しにいくという方も少なくないでしょう。そこでバレーボールが上手くなりたいと思っている皆さんが試合を観る時、「ここを観れば、上達につながる！」というポイントを伝授します！

試合観戦のススメ

01

観戦は エンドライン側から 見よう！

チームのフォーメーションをチェックしよう！

バレーボールの試合を見る時は、エンドライン側から観るのがおすすめです。コートを縦から観ると、ボールの動きや選手の動きがよくわかります。攻撃であれば、どんなサーブレシーブのポジションからどんなコンビネーションを組んでいるのか。守備であれば、ブロックとディグの関係が一目でわかります。自分たちが憧れているチームがどんな戦術を仕掛けているのか。また、自分たちが対戦する相手がどんな特徴を持っているか、攻守のフォーメーションをチェックして参考にしましょう！

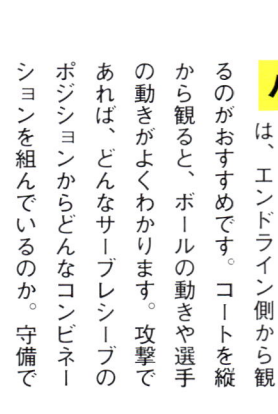

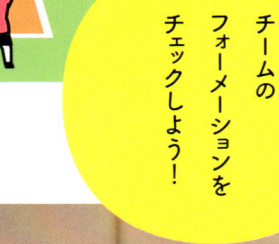

コートにいる選手になりきって予測してみる！

試合観戦のススメ

02

私がセッターだったら、
この場面でどこに
トスを上げるかな？

バレーボールは対人のネット型スポーツの中でも、味方同士でパスをつないで攻撃を仕掛ける競技です。６人でボールをつなぐ際、もっとも大事なのは、ボールがどこにいくのか一瞬で判断すること。そのためにはある程度、ボールが次にどこへいくのか、予測することが大切です。予測能力を高めるためにも、たくさん試合を観ましょう。

その際、「自分だったら…」という視点で、コートにいる選手たちになりきってみるのです。ブロッカーの気持ちになって、相手セッターが次はどこにトスを上げるのか。自分にサーブがまわってきたら、どこを狙うのか。自分がセッターだったらどのアタッカーにトスを上げるのかなど、試合を観戦しながら、いろいろな場面を想定してシミュレーションをしてみましょう。

ボールをさわっていない時間に何をしている!?

試合観戦のススメ

03

ボールをさわっていない時にどんな声をかけているか、チェックしよう!

試合を観る時、ボールの動きとともに必ず見てほしいポイントは、ボールを持っていない選手の動きです。バレーボールの試合では、選手たちがボールにさわっている時間はほんのわずか。パスがスムーズにつながっているチームは、ボールをさわっていない時でもいつボールがきてもいいように、しっかり準備を行っているからです。

　とくにボールにさわっていない選手たちがどんな声をかけているのか、要チェック。声のかけ方ひとつでチームの動きは変わってきます。ボールが動いている中でチームメイトにどんな指示を送っているのか、観察してみましょう。

試合観戦のススメ

04

他のスポーツをたくさん観戦して動きを観よう!

「観戦」という視点で言うなら、バレーボールだけではなく、他のスポーツの試合もたくさん観戦しましょう。バドミントンやテニスなどのサーブや野球、ハンドボールで言えばボールを投げる時の動きは、バレーボールのスイングの動きと共通します。各スポーツの選手たちがどんなふうに身体を動かしているのか、じっくり見てみましょう。もしかしたらこれまで気づかなかった発見やプレー向上のヒントが見つかるかもしれませんよ。

バドミントンはラケットの振り方に注目!

コーチングに携わる皆さんへ

大好きなバレーボールをやる側から、今は教える側へまわり、日々教えることの難しさを感じています。ここでは、バレーボールにコーチとして携わる皆さんへメッセージを送ります。

指導者は選手が目標達成するために支援していく

なぜ指導を始めたのか

現役を引退してから私自身、小学生、中学生を中心とした指導の現場に立つことになりました。初めて指導する立場になって、バレーボール界の底辺で指導されている方々の情熱をひしひしと感じるようになりました。その想いは大変すばらしく、まさに日本のバレーボールは、そんな指導者の方々に支えられていると思います。

指導者になった方々は、なぜ自分が指導することになったのか、覚えていますか？　バレーボールが好きだったからですか？　教えることが楽しかったからですか？

私は、大好きなバレーボールをやってきた経験を次世代に伝えることで、子どもたちがバレーボールで笑顔になる姿を見るのがとても楽しいと思ったからです。

しかしながら、子どもたちを試合で勝たせたいと思えば思うほど、時には指導の現場で感情的になってしまうこともあるのではないでしょうか。でも、そんな時こそ、なぜバレーボールの指導を始めたのか振り返り、原点に立ち戻ってほしいと思います。

コーチングとは

指導者という立場の方々が行っているコーチング。その語源は「選手たちが望んでいる場所に向かって送り届ける」。その本質を読み解いていくと、選手たちがどこに行きたいのか、目標となる到達地点を聞かなければいけません。試合に勝つことなのか？　楽しくプレーをすることなのか？　成長することなのか？　友達を増やすことなのか？　指導者は選手たちの希望を受け止め、目標達成していくための支援をしていく存在となります。

対等な立場で

選手と指導者は、目的地までともに歩んでいくことになります。

私が現場で一番意識していることは、選手たちと目線を合わすということです。会話をする時も、選手たちと同じ視線です。選手が座っていれば一緒に座るし、自分だけが座ったまま、立っている選手に話しかけることはありません。

　私は、選手たちの名前も呼ぶ時もできるだけ、対等の呼称を使います。選手の年齢が小学生くらいだと「あの子たち」などとつい呼びがちですが、私は名前がわかれば、名前を呼び、それ以外は「彼ら」「彼女たち」などと呼ぶように意識しています。

　言葉遣いひとつで、選手たちをどう見ているか表れます。選手たちも敏感に感じやすいので、私は同じ目線に立って声をかけるように意識しています。

　そして、選手たちがどんな目をしているのか、見るようにしています。目標に向かって前進しているのであれば、キラキラ輝いています。そうでなければ、輝きを失っているかもしれません。同じ視線に立って選手たちとしっかり向き合っていくことが大切ではないでしょうか。

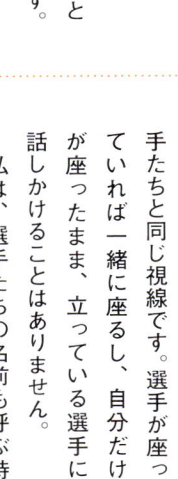

選手の健康と将来を守ることが指導者の役目

いい部分を共有する

もうひとつ、私が選手と話す時に意識していることは、一番初めにいいところを誉めることです。たとえミスをしても、それに対しては怒りません。大切なのは結果ではなく、それまでの過程です。そこに行きつくまでの努力、がんばったところ、いいところがあったことを肯定します。頭ごなしに否定するよりも、いい部分を共有してから課題と向き合っていくほうが、選手たちの心にすっと入っていくでしょう。

そして、選手たちの心に芽生えた意志を大切にしています。選手と同じ目線で向き合っていければ、選手の成長や悩みもわかります。過度に練習量を増やすのではなく、選手の成長に合わせた練習メニューを取り入れていきましょう。もし選手が助けを求めていたら、見逃すことなくできるだけ早くSOSに気付けるような関係性を心がけています。

選手の健康と将来を守ることが、指導者の役目だと思います。そのために指導者は、現場でも机上でも日々勉強が必要。正解は決してひとつではありませんし、選手個々の能力に合わせてアップデートしていくことが求められると思います。

第1章

Pass

パス

パスの構え

アゴが上がらないように注意
手は、常に胸の前で構えます
ヒザが内側に入らないように
足は、肩幅くらいに開きます

パスは、バレーボールの基本です。味方にていねいに運んであげる意識でボールをコントロールします。

パスの構えでは、片足を前に出し、足首と股関節を軽く曲げます。ヒザがつま先より前に出ないことが大切です。手は常に胸の前で構え、オーバー、アンダーどちらにも対応できるようにしておきます。

この構えは、サーブレシーブやディグにも共通する重要な基本です。しっかり身につけましょう。

KANAの役に立つアドバイス

ヒザに負担をかけるとケガの原因に

ヒザを曲げようと意識し過ぎると、太腿の前側の筋肉だけを使ってしまい、ヒザの故障の原因になります。また、手が下がっていると、ボールにすばやく対応できません。仲間同士でフォームを確認しましょう。

ボールが
いつきてもいいように
力を抜いて構えます
背筋をまっすぐ、
猫背にならない
ように注意
おヘソはボールがくる
方向に向けます
ヒザは軽く曲げ、
つま先より前に
重心がかからない
ようにします
カカトは地面に
つけた状態で構えます。
カカトが上がると
つま先に重心がかかり、
ヒザの負荷が
大きくなります
つま先は外側に向けます。
内側に向けるとヒザに負担が
かかるので注意

Pass

第１章
パス

オーバーハンドパスの基本

オーバーハンドパスは、自分のオデコの上でボールを受けて送り出す基本のプレーです。コントロールしやすく、確実に味方にパスできるのがオーバーハンドパスの利点です。

まず、パスの基本フォームで構えましょう。大切なのは、あわててボールに飛びつくのではなく、上目遣いでボールを見ながら、ボールの落下地点にすばやく身体を移動させること。そして、手首、ヒジ、下半身（腰、足首、ヒザ）のバネを利用して上げることです。

1 ボールの動きをよく見ます

2 落下地点を確認したらすばやくボールの下に入ります

KANAの役に立つアドバイス

ボールの下に入る

ボールの落下地点への移動は、手でボールを追いかけるのではなく、おヘソを意識しながらボールの下に入ることが大切。特に前に落ちてくるボールに対しては飛びつかずに、目線の高さを変えず移動しましょう。

おヘソを
意識すると
自然に足が前に
動くので
やってみてね!

3 足首、ヒザをしっかり曲げてボールをとらえます

4 下半身でためた力を上半身に伝えてボールを運びます

ボールのとらえ方

おでこの前で両手のひらを上に向け、親指と人さし指で三角形を作るようにボールを受けます。

ヒジは脇の下が見えるくらいしっかり上げましょう。ヒジが下がると、おでこの前で三角形を作れなくなってしまいます。両手全体をボールに合わせて丸く構える意識で練習に取り組みましょう。

上達のコツ①

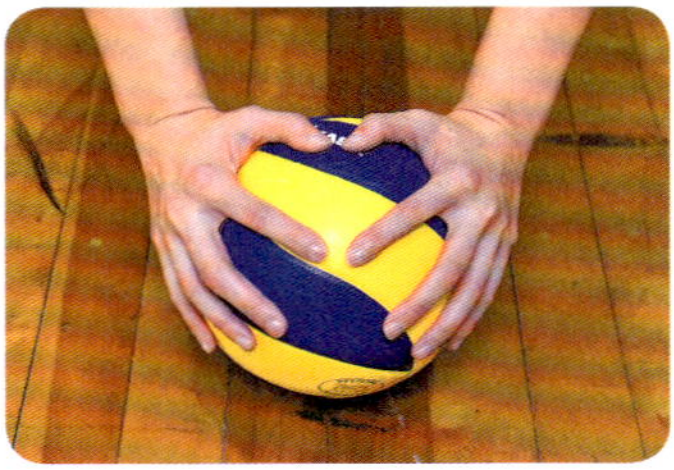

手のカタチを身につける

ボールを床に置いて両手で桃の形をイメージし、力を抜いた状態で親指を置きます。そのまま、おでこの上にもってくれば、ボールを受ける基本フォームになります。

MIKASA
しっかり
ヒジを開いて、
ヒジと手首の
力を使って
ボールを運ぶ
ことを意識
アゴが上がらない
ように注意。
常に上目遣いで
ボールをとらえます

Lesson 1
ボールを挟んでスナップを身につけよう

基本の手のカタチでボールを持ち、手首を外側に向けるようにして親指と人さし指でボールを挟みます。これがボールを送り出す時の手首の基本の動きです。この練習を繰り返し、手首の使い方をマスターしましょう。

Lesson 2
手首とヒジの力を連動させよう

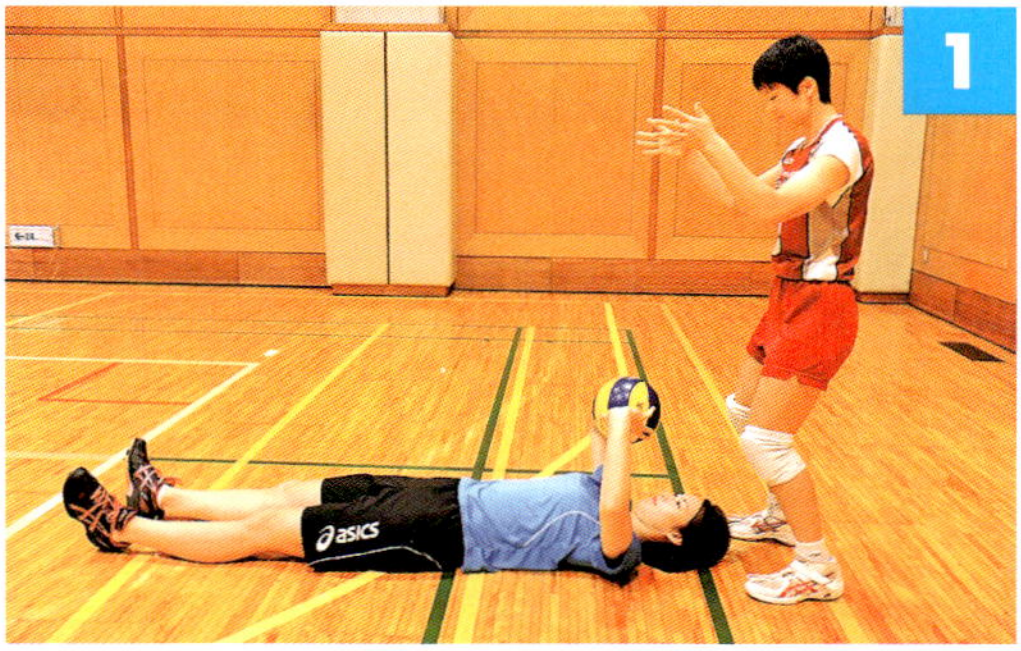

手首とヒジを連動させてボールを送り出す練習です。仰向けに寝た状態で、おでこの上にボールを落としてもらい、それを真上にパスします。仰向けになっているので、手首とヒジだけに集中して送り出すことができます。

ボールの運び方

オーバーハンドパスは一見、手でボールを運んでいるように見えますが、大切なのは下半身の動き。ボールをとらえた時に足首、ヒザ、股関節を曲げて力をため、その力を上半身に伝えることがポイントです。

　ボールの落下地点を判断したら、ボールの真下に移動。力まずに全身でボールを送り出しましょう。

上達のコツ②

カカトがボールの下に入るイメージで

前方へ落ちてきたボールは、手から飛びつかずに、下半身（おヘソ）から移動してボールの落下地点に移動しましょう。落ちてくるボールの下に、前足のカカトが入るような位置まで移動するのが理想です。

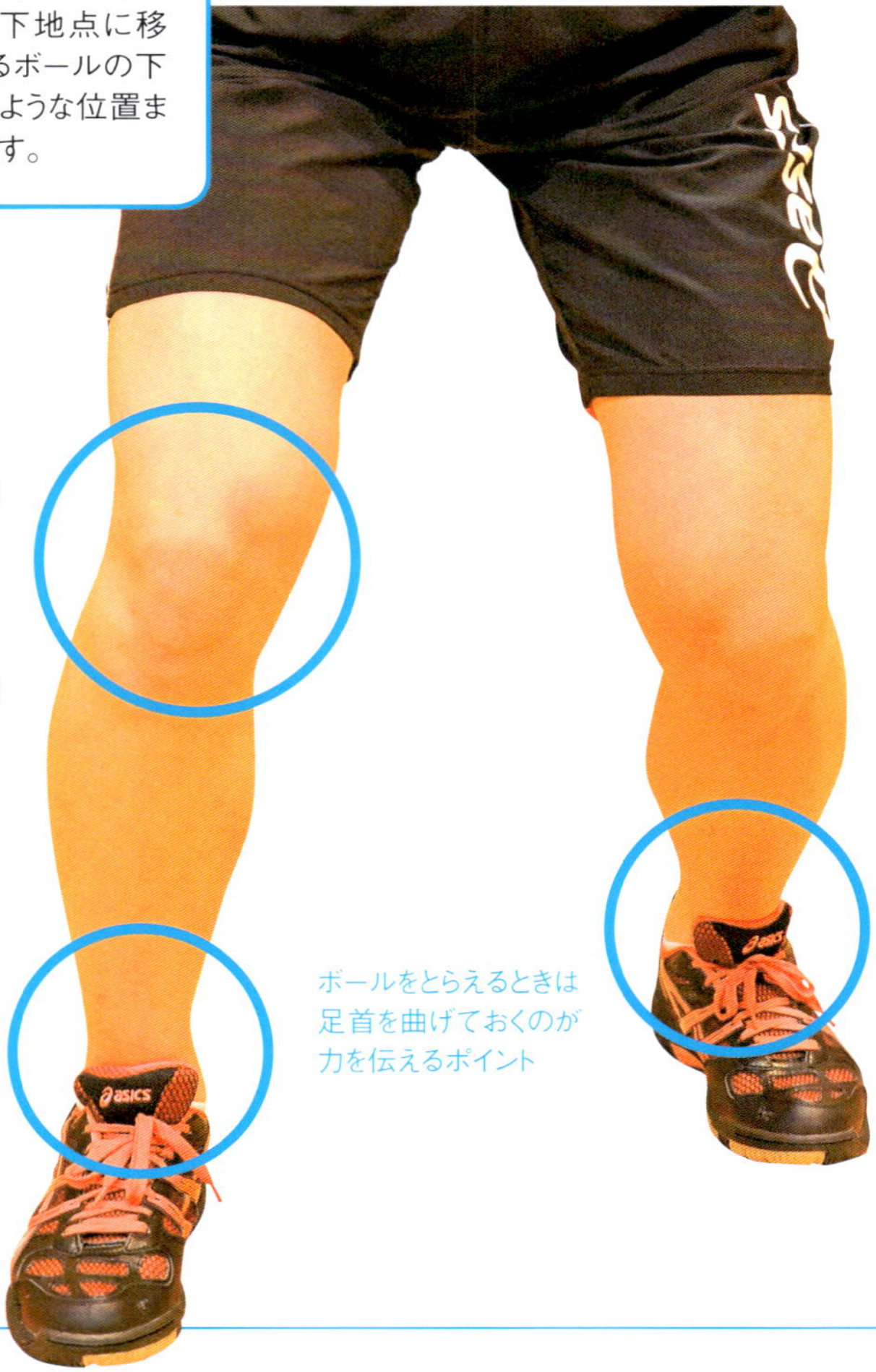
ヒザは、足首同様、
ボールをとらえる時は
軽く曲げておきます。
ボールを運ぶ時は、
腰から上へと
力が伝わるように
一気に伸ばしましょう
ボールをとらえるときは
足首を曲げておくのが
力を伝えるポイント

Lesson 1
全身を使ってボールを運ぶ

バウンドしたボールの真下に入り、基本フォームを作ってボールをキャッチする練習です。キャッチしたら一度深くしゃがみます。そのままカカトから全身を押し出すイメージで投げ、ボールの送り出しをマスターします。

Lesson 2
ボールの下に入ってヘディングする

ボールを投げてもらい、おでこでヘディングします。しっかりボールの落下地点に入ることがポイントです。そして、下半身のバネを使って相手に返します。上級者は、ヘディングだけでパスできるようになりましょう。

Pass

第１章

パス

アンダーハンドパスの基本

アンダーハンドパスは、腰よりも低い位置にきたボールを受けるレシーブの基本です。

いつボールがきても反応できるように、手は胸の前で構えます。ボールがきたら両手を組み、腕をまっすぐ伸ばして大きな三角形の面を作り、ボールを送り出します。

手のカタチは、どちらかの手をもう一方の手のひらで包み、親指を揃えるカタチが一般的。自分のやりやすいカタチで練習に取り組みましょう。

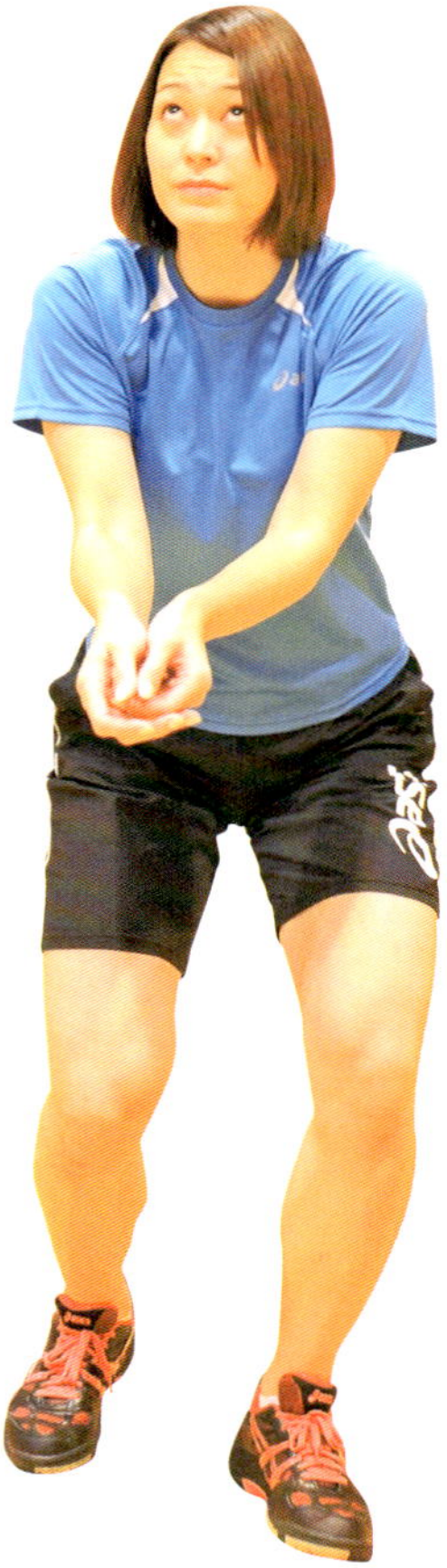

1 ボールがくる前に
両手は組んでおきます

2 落下地点を判断したら
ボールの下に入ります

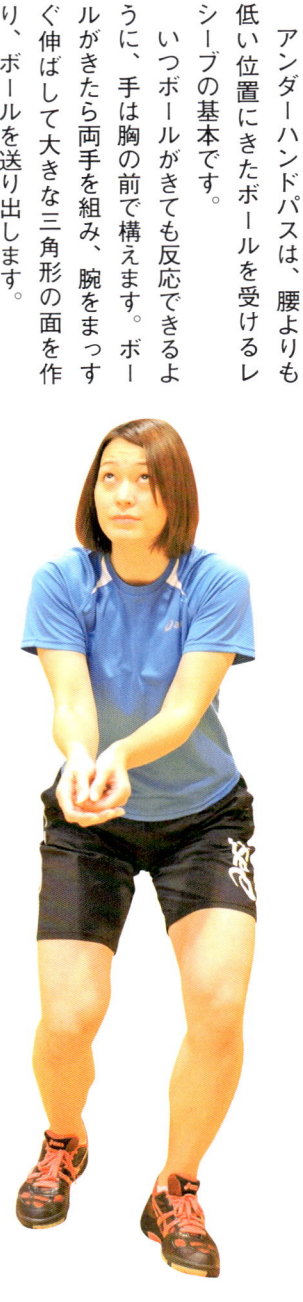

KANAの役に立つアドバイス

いつでも
ボールは友達。
優しくとらえられる
ように準備して
おこう!

ボールをとらえる準備が大切

構える段階から腕が下がってしまうと、ボールを受ける時に、腕を振るクセがついてしまいます。胸の前に両腕を準備しておき、そのまま腕をまっすぐ出せば、腕は下がりません。

4 パスする方向に身体を向けて
ボールを運びましょう

3 両腕をまっすぐ伸ばして面の広い
ところでボールを受けます

腕の伸ばし方

アンダーハンドパスは、ボールを受ける瞬間しっかりとヒジを伸ばして、両腕で作った面でボールを受けることが大切です。

この時に腕が下がると、ボールをとらえる時に腕を振ってしまい、ボールを正確にコントロールできません。伸ばした腕と前の足の太腿が平行になるイメージでボールをとらえましょう。

猫背に
なってしまうと
腕が下がり
やすいので、
背筋をしっかり
伸ばします
両腕と前の足の太腿が
平行になるように
ボールをとらえることが大切

上達のコツ ③

腕が下がると腕を振ってしまう

移動をする時に腕が下がってしまうと、すばやくボールの下に入ることができません。また、手を振ってしまうため、結果的にボールを弾いてしまいます。どんなボールでも常に基本のフォームでボールをとらえましょう。

テクニックが身につく

練習法

Lesson 1 ボールを正確に受け止めよう

ボールを正しい位置でとらえるための練習です。ボールの落下地点に入ったら、腕をまっすぐ出してボールを当てて、そのままボールを下に落とします。どんなボールに対しても、腕を振らない習慣をマスターしましょう。

Lesson 2 正しいフォームでボールを挟む

ボールを投げてもらい、落下地点に移動して、両腕で挟んでボールを受け取る練習です。伸ばした腕と太腿が平行になる正しいフォームでないと、うまく挟んで受け取れません。ボールをよく見てタイミングをつかみましょう。

ボールの運び方

アンダーハンドパスのボールの運び方の基本は「おへソ」から。前に出した足の大腿の上にボールが落ちてくるイメージでとらえ、下半身を使ってていねいに運びましょう。

移動する時に目線の高さが変わってしまうと、ボールを正確にとらえられないので、身体を大きく上下動させないように注意しましょう。

上達のコツ④

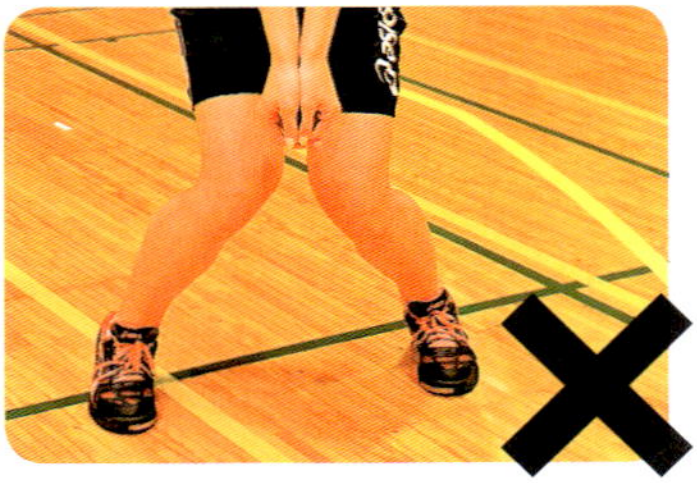

ヒザが内側に入らないように

ヒザが内側に入ってしまう人は、ヒザに力が入っている証拠です。ボールの落下点にすばやく移動できないうえ、ヒザに負担がかかってしまいます。片足を前に出して「おへソ」を意識するフォームをしっかり身につけましょう。

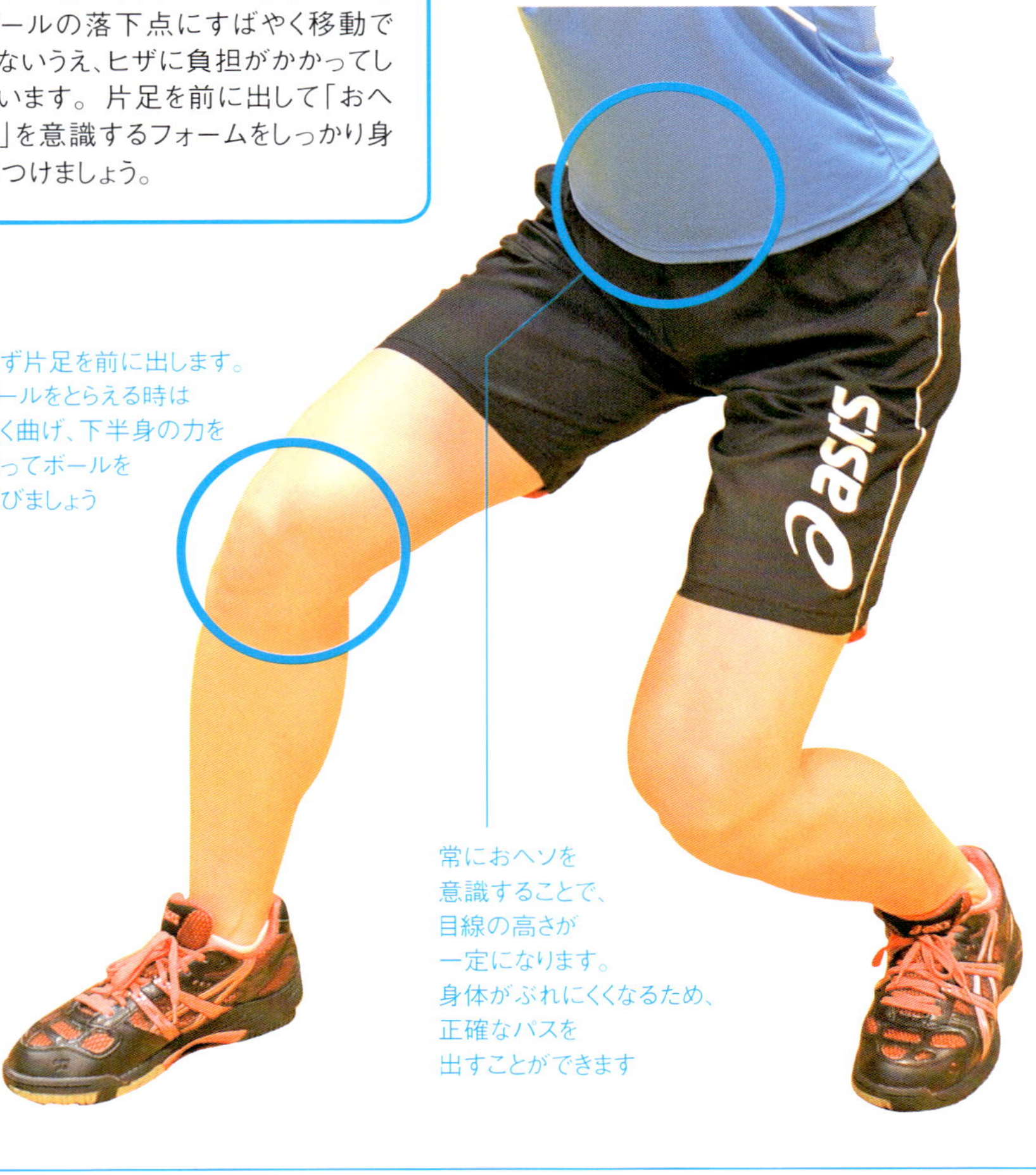
必ず片足を前に出します。
ボールをとらえる時は
軽く曲げ、下半身の力を
使ってボールを
運びましょう
常におへソを
意識することで、
目線の高さが
一定になります。
身体がぶれにくくなるため、
正確なパスを
出すことができます

テクニックが身につく練習法

Lesson 1 太ももでボールをキャッチ

ボールの落下地点にすばやく移動し、ボールをとらえる練習です。ボールを投げてもらい、前後させた前の足、太もも部分にボールを当てて落とします。移動する時には「おヘソ」を意識し、身体を上下させないよう意識しましょう。

Lesson 2 タオルを意識して動きを一定に

頭にタオルをのせたままアンダーハンドパスをします。身体が上下、左右に動くとタオルが落ちてしまうので、目線の高さを変えずに移動し、おヘソからボールを送り出す動きをマスターしましょう。タオルが落ちないように、安定したパスを心がけましょう。

Column 1

Kana's Memory

ボールは友達。優しくつなごう

現役を引退してから、小・中学生のバレーボール教室で指導することがよくあります。その時には、いつも最初に「ボールをお友達だと思ってください」と話をします。

「お友達」を思いっきり腕を振ってレシーブしたら、それは殴っているのと同じ。すごく痛いですよね。優しく運んであげるような気持ちでパスすれば、ボールはていねいに次の人に渡されます。そうすれば、次にプレーをする人にとって、とても上げやすいボールになります。また、セッターもボールを「お友達」だと思ってアタッカーにていねいにトスを上げれば、アタッカーは素晴らしいスパイクを決めてくれるでしょう。

ボールを「お友達」だと思う気持ちは、初心者だけのものではありません。部活動などで慣れている人こそ、再確認してほしいことです。特に最初の一本目を、どれだけ正確にていねいに上げられるか。これがそのチームのプレー全体を決め、最後に勝利をもたらしてくれるのです。

小学校時代。
仲間がつないでくれたボールを
心を込めてスパイク

第2章

Serve

サーブ

Serve

第２章

サーブ

フローターサーブの基本

サーブは、バレーボールの中で唯一の個人プレーです。同時に最初の攻撃であり、狙いどころを決めて相手チームを崩すことで、自チームを有利に展開することができます。個人プレーでありながら、チームプレーでもあります。

どんなサーブでもトスは重要です。フローターサーブのポイントは、トスを「置く」イメージで上げること。上目遣いでボールを最後までしっかり見ながら、ヒジが下がらないようにして、後ろ足から前足へ体重移動させながらボールに力を伝えます。

3 ボールから目を離さないように注意

4 前足のつま先はボールの進行方向に向け身体全体で押し出すように打ちましょう

KANAの役に立つアドバイス

手根部でボールをとらえる

ボールをミートするのは手のひらの下、手根部。一番手のひらで厚みがある部分にボールを当てましょう。ボールをとらえる瞬間にしっかりと手を固めて打つと力が伝わります。

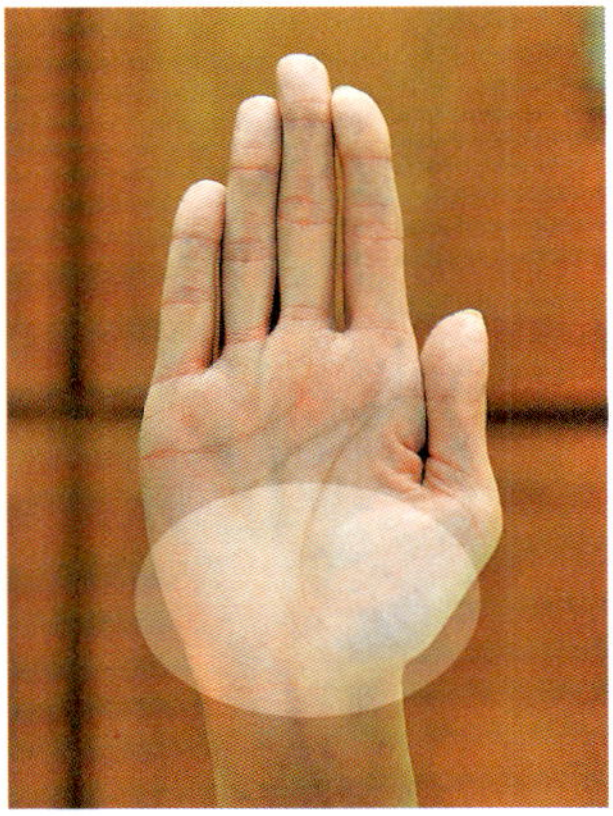

1 ヒジが下がらないように構えます

2 トスは空中に置くイメージでボールを離します

ボールの打ち方

トスを安定させるためには、トスを高く上げすぎないこと。そして、トスを上げる時は、なるべく高い位置で構えておくことがポイントです。上目遣いでボールを見ながら、体重をのせてボールを打ちます。

奥を狙いたい時にはボールの下を打ち、手前に落としたい時にはボールの上を叩きます。

上達のコツ①

打ち終わりまで必ずボールを見る

サーブを打つ時に相手コートを見てしまうと、打点が下がり正確にコントロールできず、ミスにつながります。トスを上げて打つまで、しっかりとボールを見ましょう。

高い位置からボールを離すことで、トスのブレが最小限に抑えられます

アゴを引いた状態のまま、上目遣いでボールを見ながら打つことが大切

トスを上げたら、肩を後ろに引いてボールに体重をのせるように打ちます

Lesson 1 壁に向かってスイング

打つ手の手根部をカベに当てるスイング練習です。スイングフォームを安定させ、手のひらをまっすぐ前に向けて打つ感覚がマスターできます。次にカベに向かってボールを打ち、まっすぐ戻ってきたら正確に当たっている証拠です。

Lesson 2 目隠しで安定したトスを身につけよう

目隠しをしたままサーブを打ちましょう。正しいフォームと安定したトスをマスターしていれば、目隠しをしていてもサーブは確実に相手コートに入ります。フォームを確認するためにも、チャレンジしてみましょう。

ジャンプフローターの基本

ジャンプフローターサーブは、ジャンプしながら打つサーブのことです。助走のパワーとジャンプの高さが加わるため、筋力が劣る女子選手でもより攻撃的なサーブが打てます。

助走からトスを上げて打つタイミングをつかむためには、1歩、2歩、3歩…というように、段階的に助走を増やしながら自分にあった歩数を見つけるのがポイントです。また、トスはフローターサーブよりもさらに「置く」イメージで上げ、ていねいに打ちましょう。

1 狙いを定めて
1歩目を踏み出します

2 2歩目を踏み出した段階で
トスを上げる準備

5 全体重をのせるようにボールを打ちましょう

4 踏み切った軸足がまっすぐ伸びるようにジャンプ

3 高い位置からトスを空中に置くように上げます

上手い選手の動きをよく観察しよう!

KANAの役に立つアドバイス

上手い選手のマネをしてみよう

最初は打てなくても、上手い選手のマネをすることで自然に技術が身につくことがあります。お手本になるような選手の後ろについて、助走から打つまで同じフォームで、できるようになりましょう。

空中でのバランスのとり方

右利きの人は、助走からの踏み切りを左足で行うのが一般的です。選手によっては、その場で両足ジャンプや、利き足を軸にして打つこともありますので、必ずしも左足にこだわらなくてもいいでしょう。

　空中では、踏み切る足を軸にして、もう一方の足を高く上げる意識をもつと、身体の軸がぶれずに打てます。

大ももを胸に引き上げる
意識でジャンプすると
より高くジャンプできます

踏み切る足を軸にして、
もう一方の足の太ももを上げるように
ジャンプするのがポイントです

上達のコツ②

トスは顔の前に置くイメージで

助走しながら、空中で打つジャンプフローターのトスは、より正確性が求められます。ボールを持った手を高く上げ、顔の前にボールを置くイメージをもち、しっかりとボールを見ながら打ちましょう。

テクニックが身につく練習法

Lesson 1

助走は段階を追って身につけよう

A 歩数によって距離が変わる助走

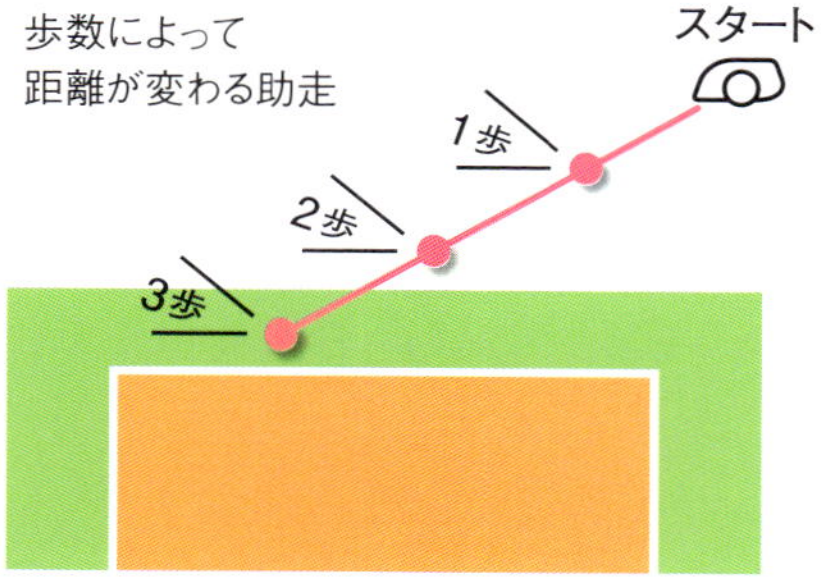

B まっすぐ入る助走

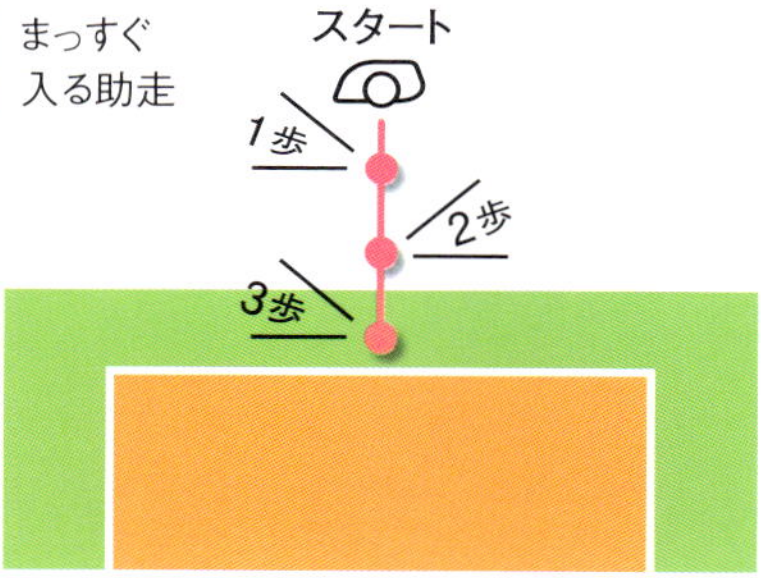

ジャンプフローターの助走は、斜め（図A）、まっすぐ（図B）などの方法がありますが、歩数や距離は人によって異なります。1歩、２歩、３歩…と、段階を追って助走を増やしていきましょう。自分が打ちやすい方法を見つけることが大切です。

Lesson 2

目標は近いところに設定しよう

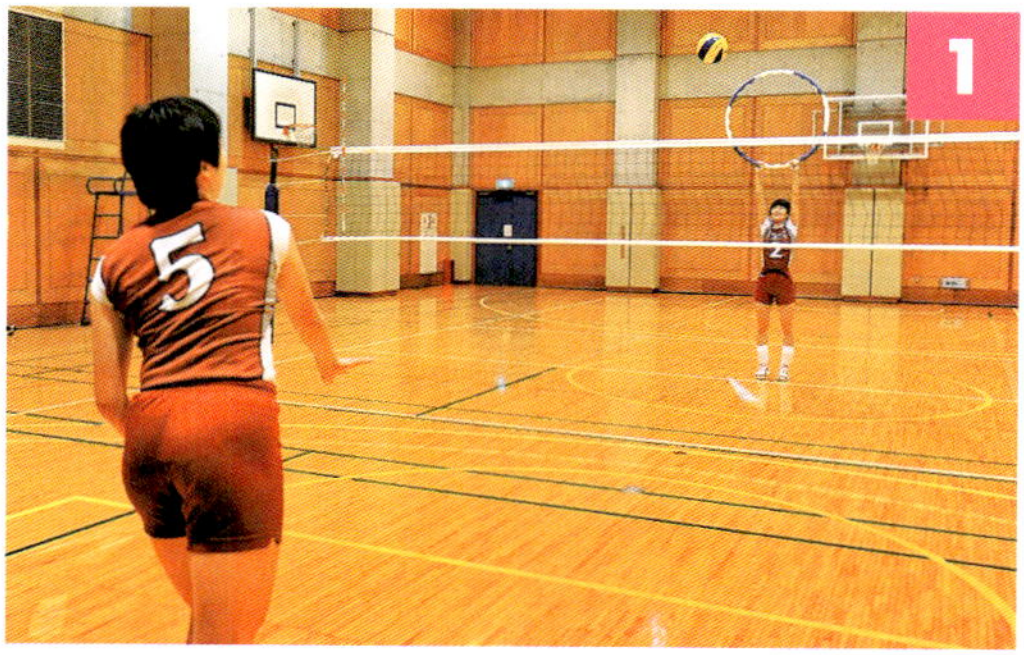

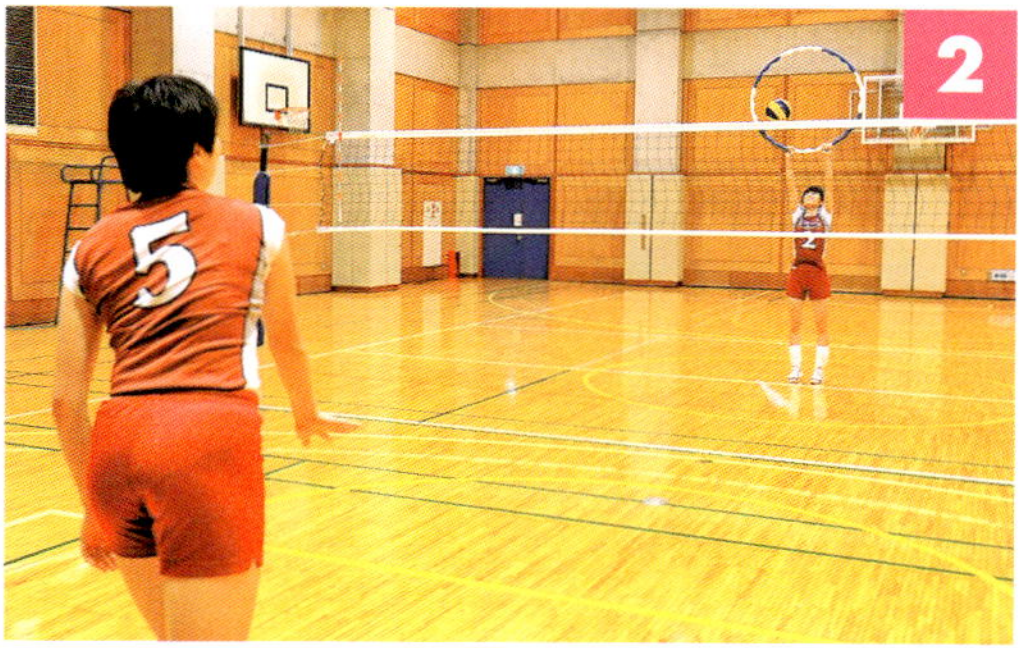

相手コートの狙った場所にサーブを打つためには、遠くに目標を設定するより白帯を狙って打つと目標が定まります。フラフープなどの道具を使って近くに目標を設定し、いろいろなコースに打てるように練習しましょう。

ジャンプサーブの基本

ジャンプサーブは、サーブの中で最も破壊力、攻撃力のあるサーブです。ジャンプサーブで特に重要なのがトス。できるだけ高い打点で打てるトスをエンドラインの近くに上げて、そのトスに向かって助走し体重をのせて打つのがポイントです。

毎回同じトスが上げられるように、トスだけの練習をすることも大切です。トスは利き手、反対側の手、両手で上げるなど、自分が上げやすい方法を見つけましょう。

1 トスを上げたら助走を開始

2 力強く腕を振りましょう

3 ボールの落下地点をよく見て踏み切ります

4 全身の力をためてスイング

5 体重をのせてボールを打ちます

「トスを100本上げたら、
100本とも同じ位置に上がる!」
という高い意識をもって
練習に取り組もう!

KANAの役に立つアドバイス

ベストな立ち位置を見つけよう

助走の距離とトスの高さがポイント。エンドラインからの距離を歩数で測ってベストな立ち位置を見つけましょう。常に同じ位置からトスを上げて助走をスタートすれば、安定したサーブが打てるようになります。

強いサーブの打ち方

強いサーブを打つには、トスに前回転をかけ、ボール上部を叩いてドライブをかけることが大切です。ジャンプサーブは破壊力がありますが、空中でのフォームが崩れると身体への負担が大きくなります。安定したジャンプサーブを打つには、トスの正確性とともに体幹トレーニングに取り組むことも大切です。

インパクトの瞬間は、手首のスナップをきかせてボールにドライブ回転をつけましょう
打ち終わるまでボールから目を離さないように注意
ボールを打った瞬間、腹筋に力を入れると空中でバランスを崩しません

上達のコツ③

トスに前回転をかけよう

トスを上げる時は、顔の方向へ手首を返すと、自然に前回転がかかります。トスに回転をかけることで強いドライブが実現します。インパクトの瞬間は、手首のスナップをきかせましょう。

Lesson 1
狙いどころを決めて打とう

サーブの狙いどころは、選手と選手の間、選手の肩ごし、相手のエースやセンターの選手などが効果的。コートの両コーナーと、前衛アタックラインの両サイド２ｍ四方をテープなどで囲み、そこを狙って打つ練習をしましょう。

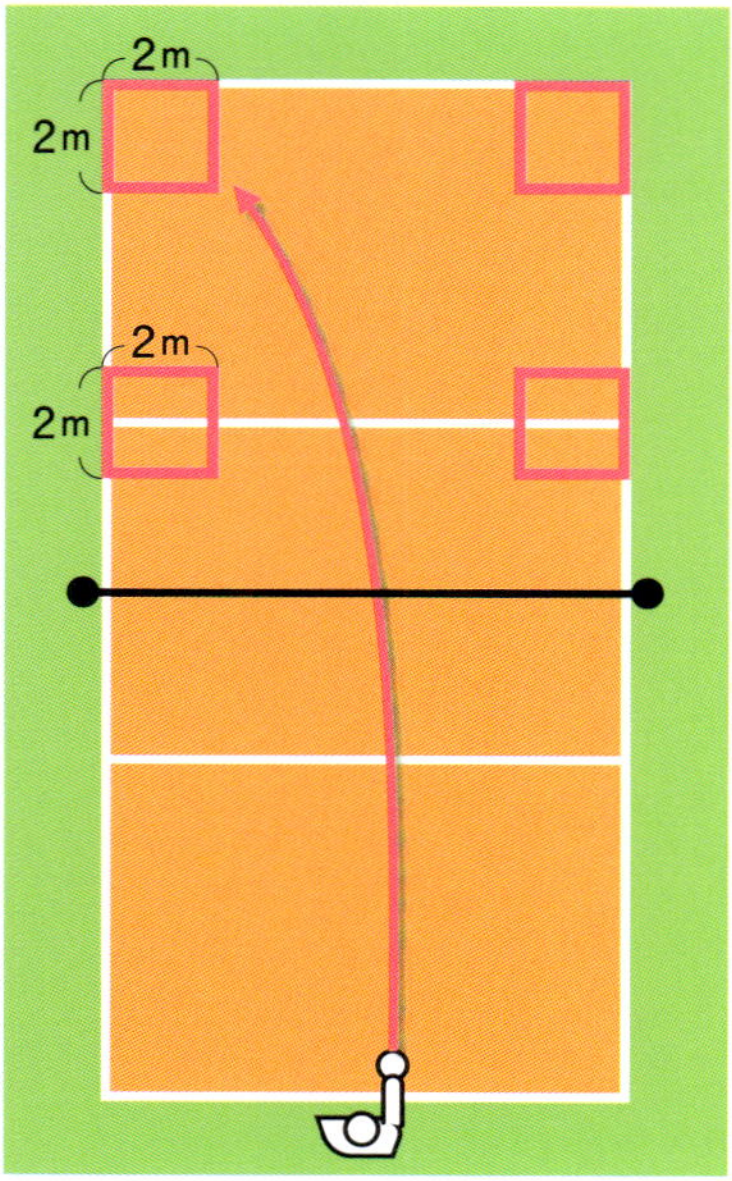
2m
2m
2m
2m

■ サーブの狙いどころ

トスを
落とす場所に
目印をつける

Lesson 2
トスを上げる場所に印をつけよう

いつでも同じ位置、高さにトスを上げることが、安定したジャンプサーブを打つポイントです。自分が打ちやすいトスを上げて床に落ちた場所にテープなどで印をつけ（図）、同じ場所に落ちるように繰り返し練習しましょう。

Column2

Kana's Memory

1本のサーブミスで逆転負け

成徳学園高校2年生の時のインターハイ、2回戦で対戦したのは、強豪の九州文化学園でした。1セット目を大差で勝ち、2セット目17対13でリードした時点で九州文化学園がタイムアウトをとりました。私たちは、ストレートで勝つ気満々です。タイムアウト明け、サーブ順は私でした。いつもと同じように打ったのに、なぜかエンドラインを大きく越えるホームランサーブに。その後、あっと言う間に九州文化学園に連続得点をとられ、最終的に試合に負けてしまったのです。

1本のサーブミスが、試合の流れを大きく変えてしまう。その恐ろしさとバレーボールの奥深さを思い知った試合でした。責任を感じてしょげ返っていましたが、小川良樹監督はひと言もサーブミスについて触れませんでした。

あの1本がサーブを慎重に打つことを教えてくれて、監督が見守ってくれたおかげでバレーボールを嫌いにならずにずっと続けることができた、大切な思い出の1本です。

高校3年。
1本のサーブミスが
サーブへの意識を変えた

第3章

Serve receive

サーブレシーブ

サーブレシーブの基本

サーブレシーブは攻撃の土台であり、勝敗を左右する大事なプレーです。サーブはスピードがありボールも変化するので、パスよりも早く落下地点を判断し、基本フォームを崩さないようにセッターへボールを運びましょう。

実戦で大切なのは、人と人との連携です。練習は１人で行うのではなく、複数で１本のサーブを受ける練習をより多くすることが重要です。守備範囲をチームメイトと確認しながら、しっかりと攻撃につなげましょう。

1 落下地点を判断したら移動を開始

2 ボールがくる前に腕の面を作っておきます

KANAの役に立つアドバイス

得意なほうを空けておく

一般的に右利きの選手は自分の右側にきたボールのほうがより正確にレシーブしやすいものです。コートに入った選手同士のサーブレシーブの守備範囲は、右側が大きく左側が小さめの楕円形をイメージしてレシーブしましょう。

4 ボールがセッターに渡るまで面をセッターに向けておきます

3 上下動しないように正面に入り、ボールの勢いを吸収。腕を振らないように注意

左右にきたボールのとり方

近年はジャンプフローターサーブが増え、スピードと変化のあるサーブを受けることが多くなりました。サーブが身体の左右にきた時は、ただ単に手を出してボールをとらえるのではなく、おヘソを意識して足をしっかり出すことが大切です。セッターにおヘソを向ける意識でボールを運びましょう。

上達のコツ①

おヘソをセッターに向ける

身体が開いた状態でボールをとらえると、勢いに押されボールは後ろに弾かれてしまいます。必ずおヘソをセッターに向ける意識で、身体全体でボールを運ぶようにしましょう。

おヘソをセッターに向ける意識でボールをとらえるのがポイント
サーブの勢いに押されないように腕はしっかり止めて振らないこと

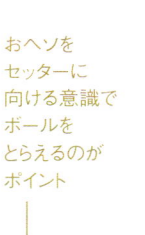

Lesson 1
バケツでボールをキャッチしよう

バケツを使ってボールをキャッチする練習です。サーブの勢いを減少させ、いかに優しいボールをセッターに返すかがサーブレシーブのポイント。ボールの落下地点に入りボールの勢いを吸収できないと、うまくキャッチできません。

Lesson 2
コート3ヵ所でサーブを受けよう

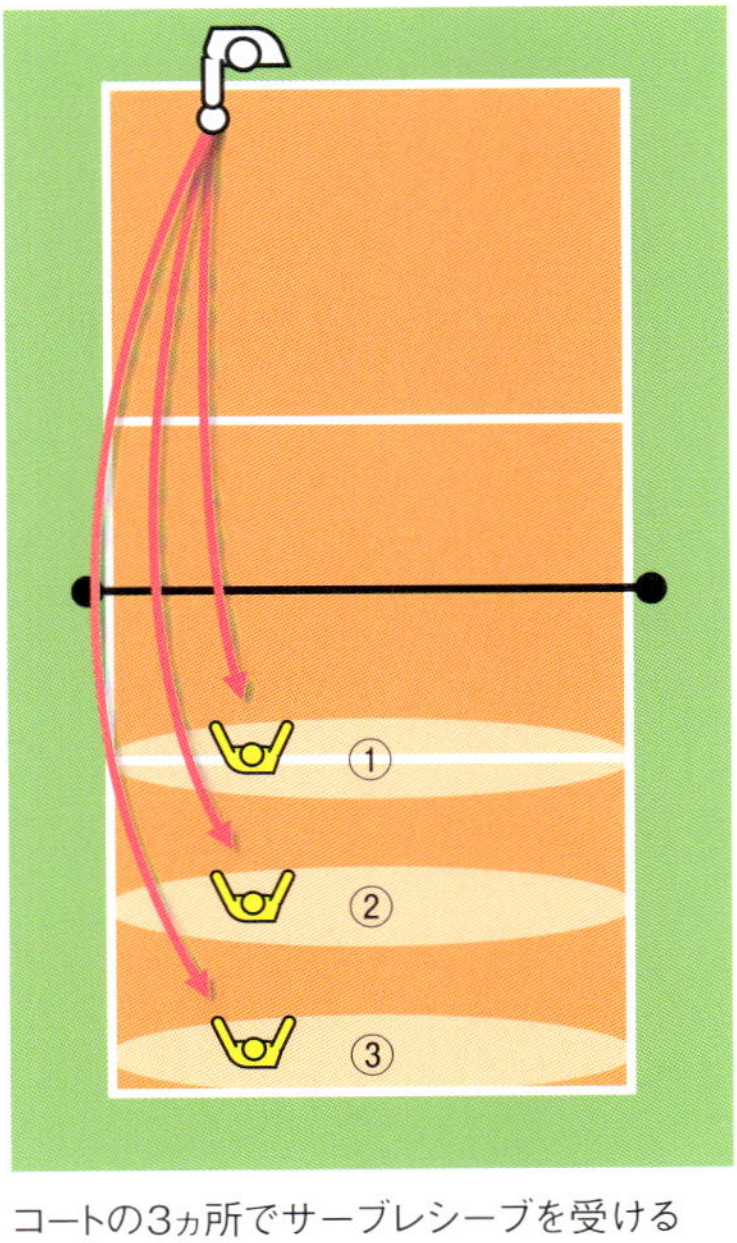

コートの3ヵ所でサーブレシーブを受ける

アタックラインより前のサーブ、通常のサーブ、エンドライン側の奥のサーブの3種類を受ける練習です。サーブレシーブの位置もサーブに合わせて変えますが、サーブを受ける位置によって身体の使い方が変わるので、その違いをマスターするのが目的です。

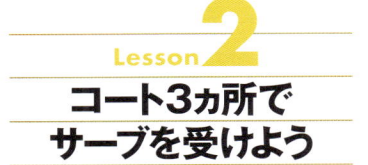

Serve receive

第3章

サーブレシーブ

前方にきたボールのとり方

サーブは単なるパスと異なり、前方に落ちる、曲がる、後方に伸びるなど変化を伴うものです。

前に落ちるサーブは、手でボールを追いかけるのではなく、おヘソの高さを一定にして重心移動を行い、ボールの落下地点に入ります。サーバーの手からボールが離れたら動き始め、落下地点に移動しましょう。

上達のコツ②

常に上目遣いでボールを見る

頭が下がった状態で手だけでボールを受けても、いいサーブレシーブはできません。おヘソを意識してボールの下に入り、常に上目遣いでボールの位置を確認してとらえられるようにしましょう。

相手サーバーがボールを打った瞬間、コースを予測して移動。目線が上下しないように注意

ボールの落下地点に前足を入れる意識で重心を移動しましょう

テクニックが身につく練習法

Lesson 1
一定のステップを身につけよう

東レアローズ時代によく行っていた個人でできる練習方法です。自分の肩幅くらいの足幅を一定に保ってステップを刻み、2mほどの距離を往復します。身体がぶれて目線が上下しないように注意し、前後左右に動けるように練習しましょう。

Lesson 2
腰に負荷をかけてステップしよう

腰にバンドをつけ負荷をかけた状態で、一定のステップを保つ練習です。腰から移動する意識をもち、常に同じ負荷のまま移動できれば、身体の軸がぶれずに動けている証拠。実戦に向け安定したステップが身につきます。

サーブレシーブの連携

サーブレシーブの精度を確実に上げるには、チームメイトとのポジショニングや守備範囲で約束事を作り、連携を高めておくことが大切です。

厳しいコースにボールがきた時は、ぶつかったりお見合いなどのミスにつながります。サーブを受ける時は「はい」、受けない人は「お願い」「任せた」など皆で声を出し確認しましょう。

サーブレシーブが崩れた時のことも想定し、サーブレシーブを受けない人はすぐにカバーできるように準備しておきましょう。

サーブレシーブを受けない選手
サーブレシーブを任せることを声に出して周囲に伝えましょう。身体を向けてレセプションが崩れた時でも二段トスに入れるように準備
セッター
ボールの行方を目で追いながらネット際で待機
サーブレシーブを受ける選手
自分がボールを受けることを周囲にアピールしましょう

上達のコツ③

身体を向けて意思表示しよう

誰がボールを受けるのか確認する場合、声を出さなかったり首だけ向ける動作は、やめましょう。サーブレシーブをする選手の邪魔になるばかりか、すぐに次の動作に移れません。身体をボールに向けて意思表示をしましょう。

×

Lesson 1 前後の連携を確認しよう

コートの左側と右側を使用し、前後に2人ずつ入りサーブレシーブの練習をします。声をかけあいながらボールはどちらが受けるのかを確認。サーブレシーブをしない選手は、しっかり次のボールに対応できるよう身体を向けましょう。

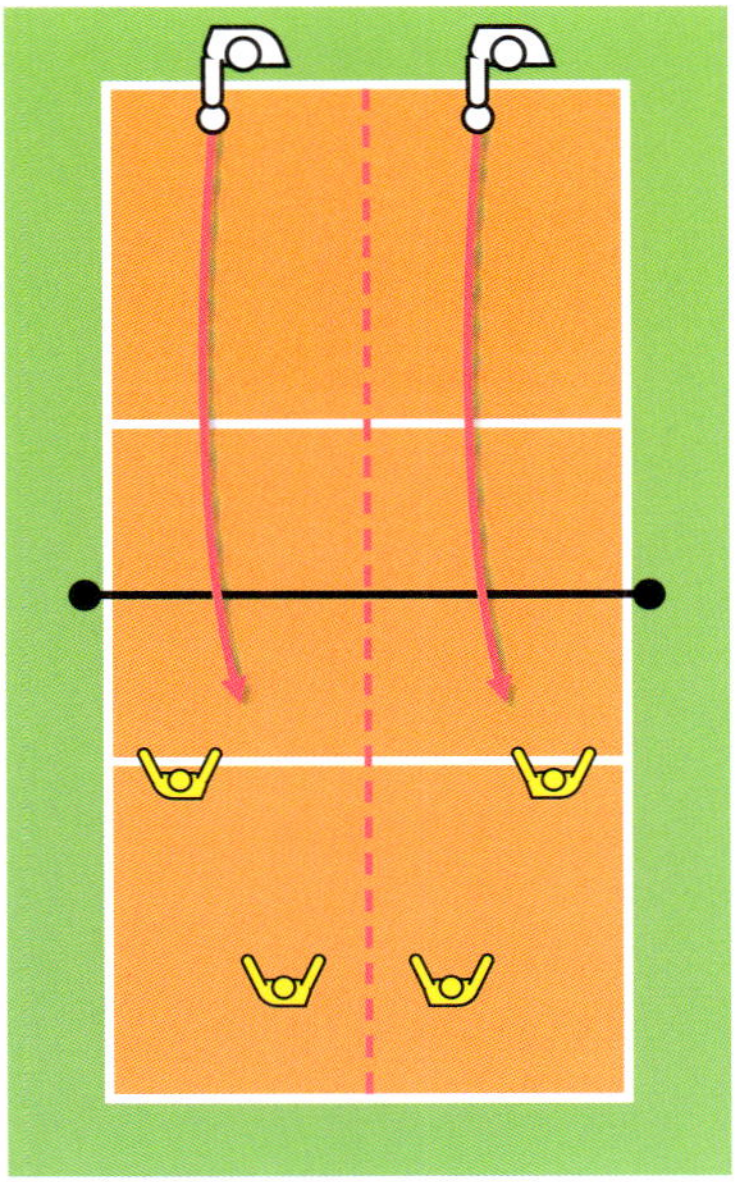

前後の練習法

Lesson 2 前後左右の連携を確認しよう

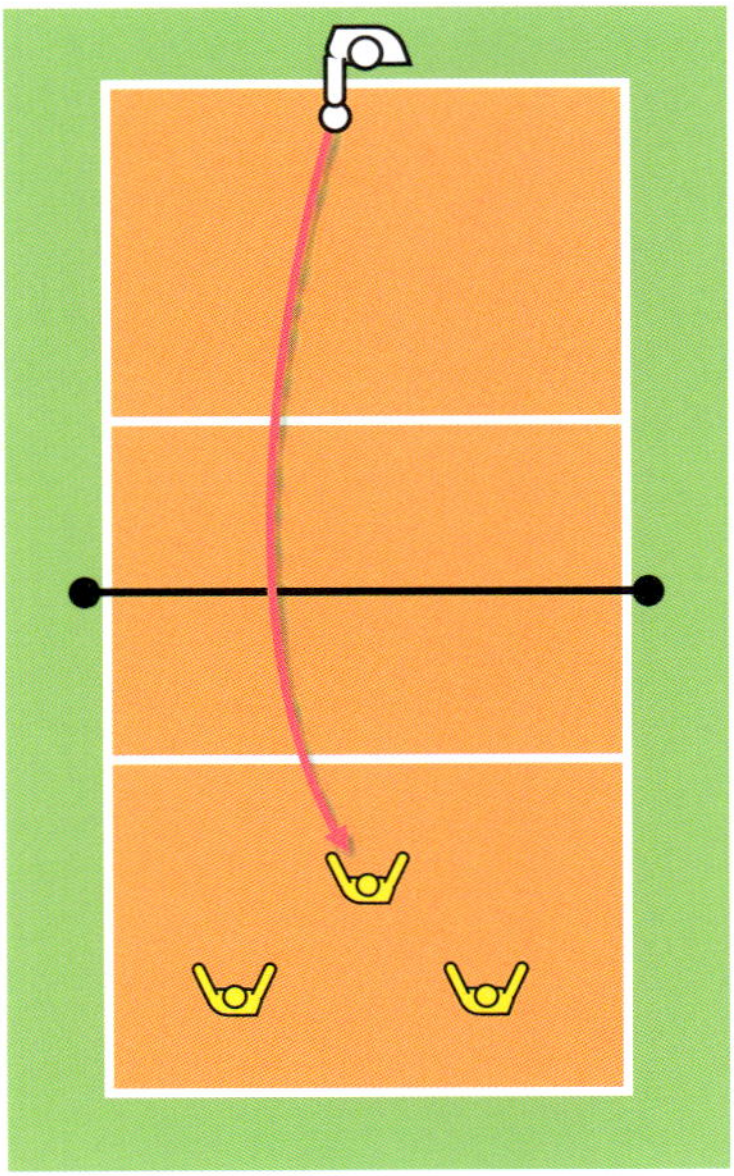

前後左右の練習法

コート中央に3人が入り、前後左右の連携を確認しながらサーブレシーブをします。どこの位置にサーブがきたら、誰がレシーブに入り、誰がカバーに入るのか。すべてのポジションでしっかり把握して、正確なサーブレシーブを上げられるように取り組みましょう。

フォーメーションの種類

フォーメーションで最も基本的なカタチは、セッター以外の５人がサーブレシーブに入る「Ｗ型」です。５人がサーブレシーブに参加するため、１人あたりの守備範囲を狭くすることができるのが利点です。

　前後左右の連携が大切ですが、得意な人（リベロ）が多めにとるなど、約束ごとを決めて練習に取り組みましょう。

上達のコツ④

サーバーの動きをよく見よう

サーブが打たれる前に動くと「アウトオブポジション」の反則をとられるので注意。相手のサーバーをよく見てボールが離れた瞬間、コースを予測して動きましょう。

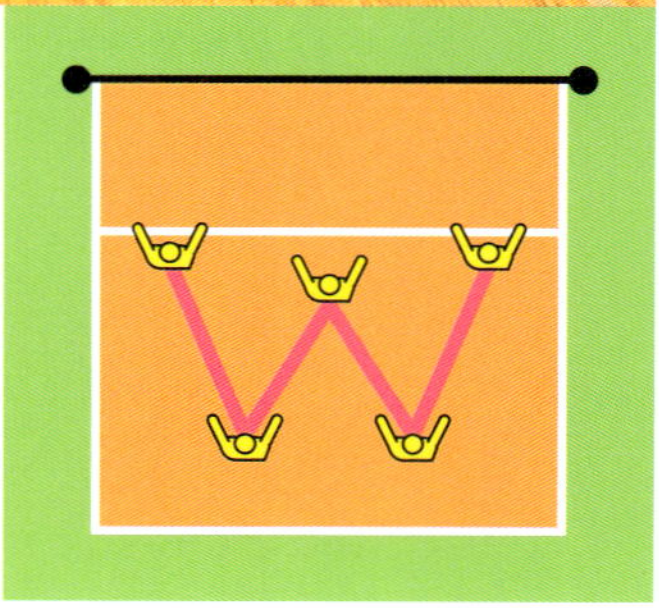

「Ｗ型」のフォーメーション

各ローテーションの位置で、前３人、後ろ２人でサーブレシーブを行うのが、サーブレシーブの基本フォーメーション

Lesson 1

ローテーションを行い実戦を想定

実際のサーブレシーブを想定した5人のサーブレシーブ練習。5本成功させたら次のローテーションに移動し全員がすべてのポジションで練習します。サーブレシーブに参加していない選手がサーブを打てば、サーブの練習にもなります。

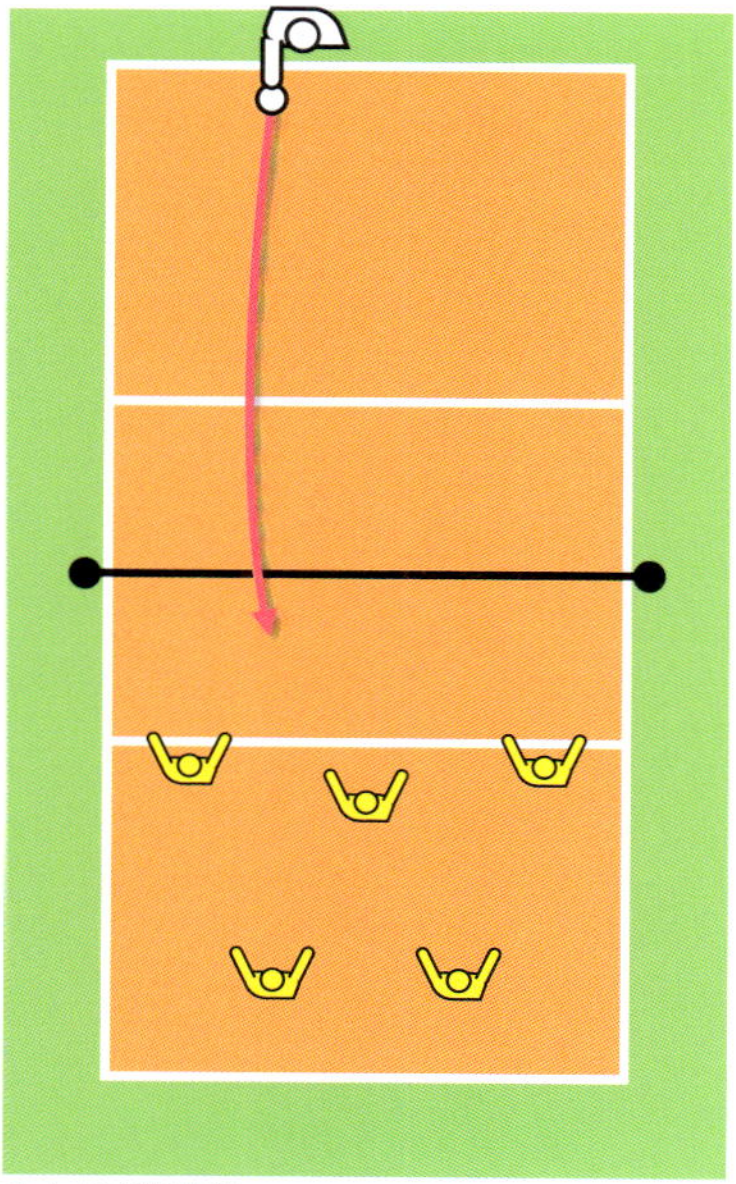

5人の練習法

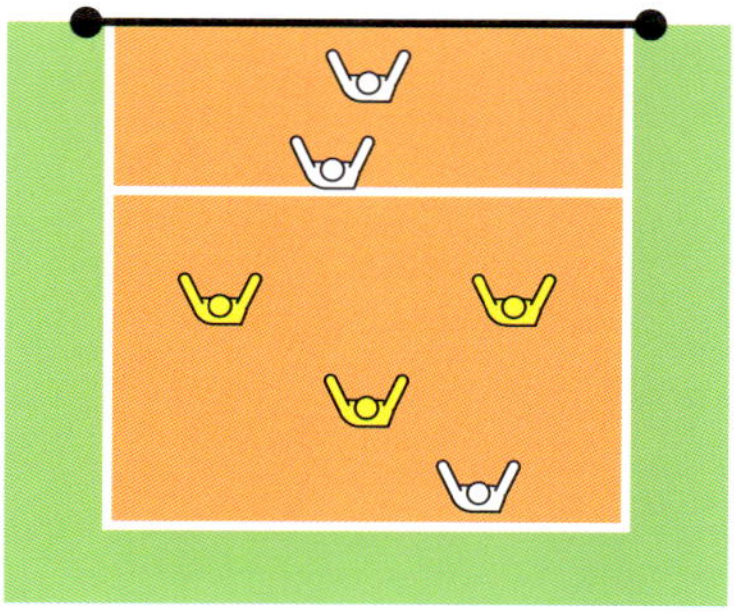

3人型のサーブレシーブ

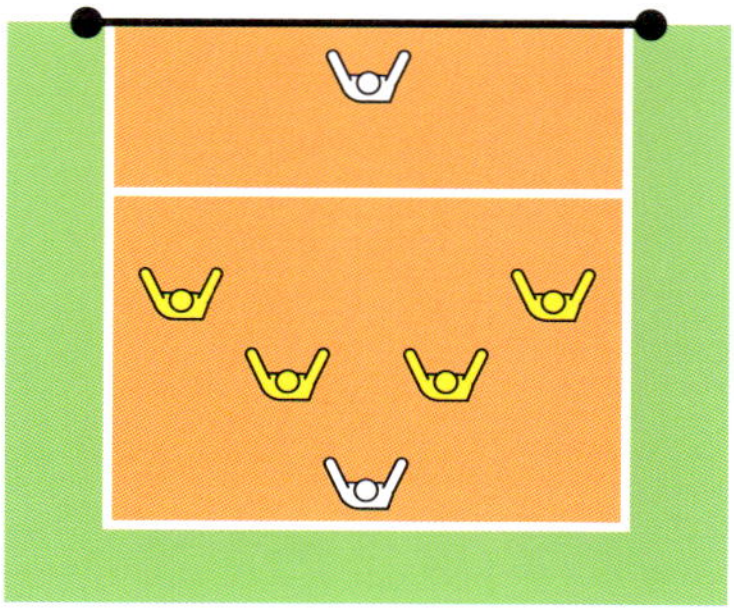

4人型のサーブレシーブ

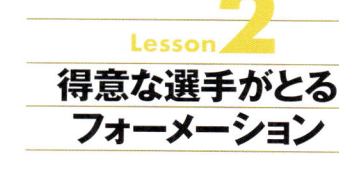

サーブレシーブに入る選手

Lesson 2

得意な選手がとるフォーメーション

サーブレシーブはできるだけ得意な選手がとると決めておくと、とらない選手は攻撃に専念できます。主なフォーメーションとして前衛レフト、後衛レフト、リベロの3人型（上図）と、ライトを加えた4人型（下図）があります。アウトオブポジション（サーブを打つ前に移動してしまう反則。ポジションの移動はサーブが打たれてから行う）に注意して練習しましょう。

Column3

Kana's Memory

「下手」というレッテル

小学2年生の時からバレーボールを始めましたが、サーブレシーブは好きなプレーでした。難しいサーブをきっちりセッターに返して、他の誰かが決めてくれると、もう本当に嬉しかったからです。

高校生の時に全日本に選ばれましたが、世界を目指す選手の眼差しは本当に厳しくて、身が引き締まる思いでした。高校生のレベルとは全然違い、サーブのレベルが高く、精度も求められました。

そんな中、サーブレシーブの練習が始まると、どうしてもセッターへボールが返らない。周囲からは「サーブレシーブが下手」というレッテルを貼られ、それ以来、大好きだったサーブレシーブが苦手だと感じるようになりました。けれどその分、熱心に練習したことで、ステップアップのきっかけになりました。また、小川監督や東レの菅野幸一郎監督の「下手じゃない」という言葉に救われ、自信を取り戻すこともできました。サーブレシーブは、気持ちの持ち方が大事なプレーだと思います。

ワールドカップ2003。
全日本に選ばれ、
エースとして活躍した

第4章

Dig

ディグ

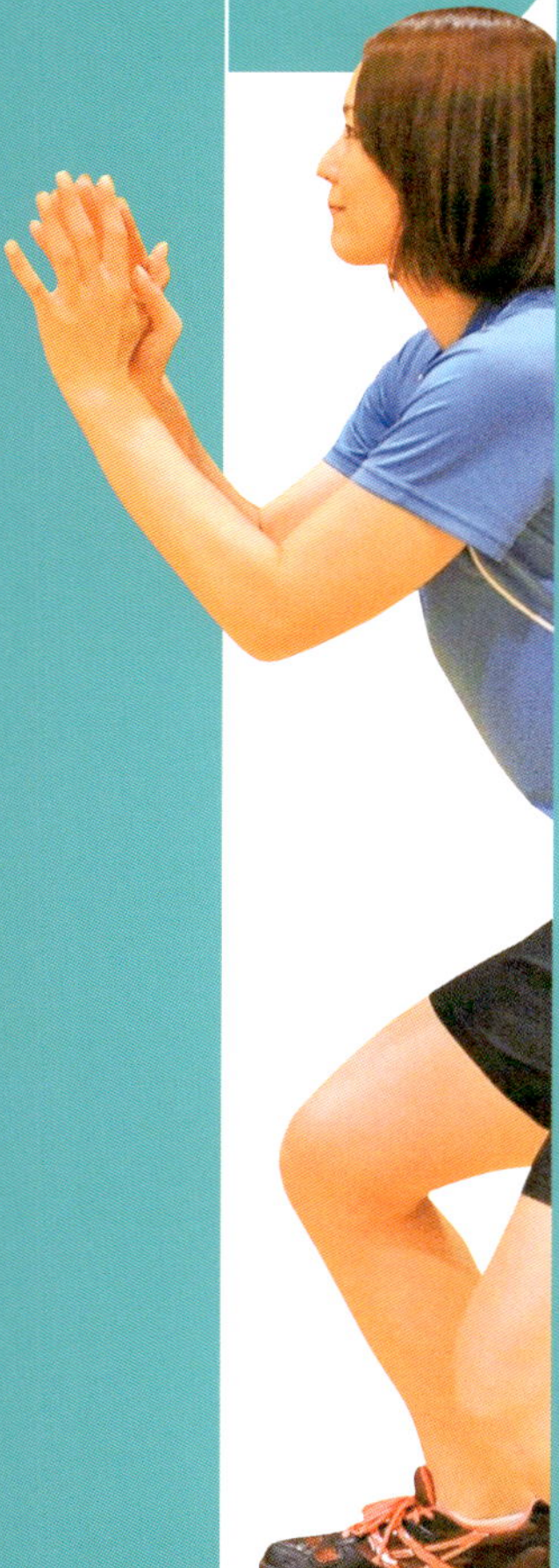

ディグの基本

ディグとは、サーブレシーブ以外のボールを受ける動作のことです。特にスパイクは、パスやサーブよりも強く、速いスピードで飛んでくるため、そのボールを上げるのが、バレーボールの醍醐味と言えるでしょう。

スパイクレシーブのポイントは、相手スパイカーの手元をよく見てどこに打ってくるのか、よく見極めることです。すばやくボールの正面に入り、腕を振らないように注意してボールの勢いを吸収しましょう。

3 腕の面でボールをとらえて勢いを吸収

4 ボールが上がった直後は腕を振らないように注意

KANAの役に立つアドバイス

ボールの下を
見ようという意識を
もっと自然に
足が動くよ!

ボールの下部分が見える位置でレシーブ

瞬時にコースを判断したら、ボールの下部分が見える位置でレシーブするという意識をもちましょう。そうすることで、ボールの落下地点にすばやく移動できるようになります。

1 ボールの落下地点に移動。ボールがくる前に構えておきます

2 スパイクボールはスピードが速いのでしっかり面を作って待ちます

前方のディグ

前方に落ちるボールに対しては、できるだけ低い姿勢をとることが重要です。低い姿勢を維持できずにヒザをついてしまうと、それ以上前に移動できないうえ、ケガにつながる恐れもあります。

特に足首の柔軟性がないと、低い姿勢は維持できません。足首の柔軟性を高め、低い姿勢でレシーブできるようになりましょう。

上達のコツ①

日頃からストレッチに取り組もう

前方に落ちるボールは、片手で上げにいくのではなく、できるだけ両手でとれるように練習に取り組みましょう。そのためには、腰を深く曲げた状態でボールの正面に入ることが大切。身体全体の柔軟性もストレッチを行って高めていきましょう。

おヘソを意識すると、身体全体でボールの下に入る動作が身につきます
腕をしっかり伸ばしてボールの落下地点に面を置きます
足首の柔軟性を身につけて低い姿勢を維持しましょう

テクニックが身につく練習法

Lesson 1
足首の柔軟性チェックしよう

足首の柔軟性をチェックしましょう。足を揃えてそのままヒザを曲げます。足首が硬いと左の写真のように、後ろにお尻がついてしまいます。上の写真のようにカカトを床につけ、ヒザを揃えたままの姿勢で静止できるくらいの柔軟性が必要です。

Lesson 2
足首の柔軟性を高めよう

足首が硬い人は、ポールにつかまりながら足首をしっかり曲げたままキープします（写真上）。また、正座をして足首の前側を伸ばすストレッチも行い柔軟性を高めます（写真左）。練習前の準備運動に取り入れてください。

Dig

後方のディグ

　後方に飛んでくるボールに対してはオーバハンドでレシーブします。この時、腕が伸び切った状態で受けると、ボールが弾かれてしまうので、ヒジを軽く曲げ手首をしっかり安定させて、おヘソにぐっと力を入れて受けます。

　手で押し出すのではなく、ボールの勢いを受け止める感覚です。対人レシーブの時には、オーバーハンドレシーブを必ず行いましょう。最初は投げてもらい、スピードに慣れてきたら打ってもらいます。

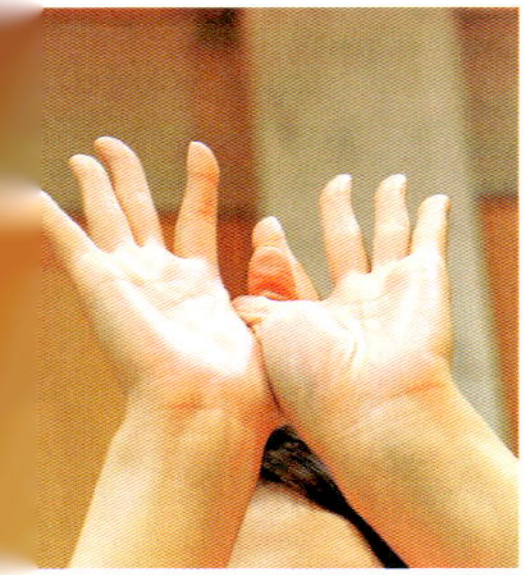

強いボールは、手を重ね合わせて組むとボールの勢いが吸収できます

1 ボールがくる前に手は胸の前で構えておきましょう

2 上目遣いでボールの落下地点を確認

KANAの役に立つアドバイス

肩より上のボールを見極める 手はばらつかないように

基本的に肩より上のボールはオーバーハンドで対応します。そのためにも基本となるパスの構えで常にしっかり準備しておくことが大切です。強いボールに対しては、手がばらつかないように組んで受ければ安定します。

3 ボールの衝撃を吸収するようにとらえるのがポイント

4 ボールを受ける瞬間はお腹に力を入れます

Dig

第４章

ディグ

低いボールはスライディング

スライディングは身体から遠く離れたボールをレシーブするテクニックです。できるだけ最後までボールの下部分を見ながら、低い姿勢でボールの落下地点に入ります。

ヒジやヒザをついてしまうとケガにつながります。身体への衝撃を抑えるには、床上ギリギリでボールを拾うのが大切です。ヒジ、胸、おへソの順に着地させ、床の上を滑るようにレシーブしましょう。

1 ボールの下部分を見ながら落下地点に移動

2 ボールをよく見て床のギリギリ上で拾い上げます

KANAの役に立つアドバイス

軍手をつけて
練習すれば、
痛くないよ!

2

ヒザをついた姿勢から滑る

最初はスライディングする感覚がつかめず、恐怖心だけが先に立ってしまいがちです。まずは、ボールを使わずに、ヒザをついた姿勢から行います。その状態から身体を前方に投げ出して滑る練習をして、スライディングの動きをマスターしましょう。

3 ヒジ、胸、おヘソの順に着地するように床の上を滑ります

4 アゴから滑り込んだり腰をぶつけないように注意

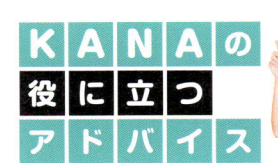

左右へのローリングレシーブ

身体から左右に離れたボールを受ける時は、スライディングレシーブし、走り込んだ勢いを使って身体を横にローリングさせましょう。床に滑り込んだらすぐに仰向けになり、開脚したまま腰を回転させます。そして、滑り込んだほうの腕で床を押すように立ち上がると、スムーズに起き上がることができます。

ローリングレシーブは、ラリー中においてもすばやく立ち上がることができ、次のプレーへ移行できます。レシーブ後はすぐに起き上がるクセをつけましょう。

1 滑った方向のヒジを伸ばし、仰向けになります

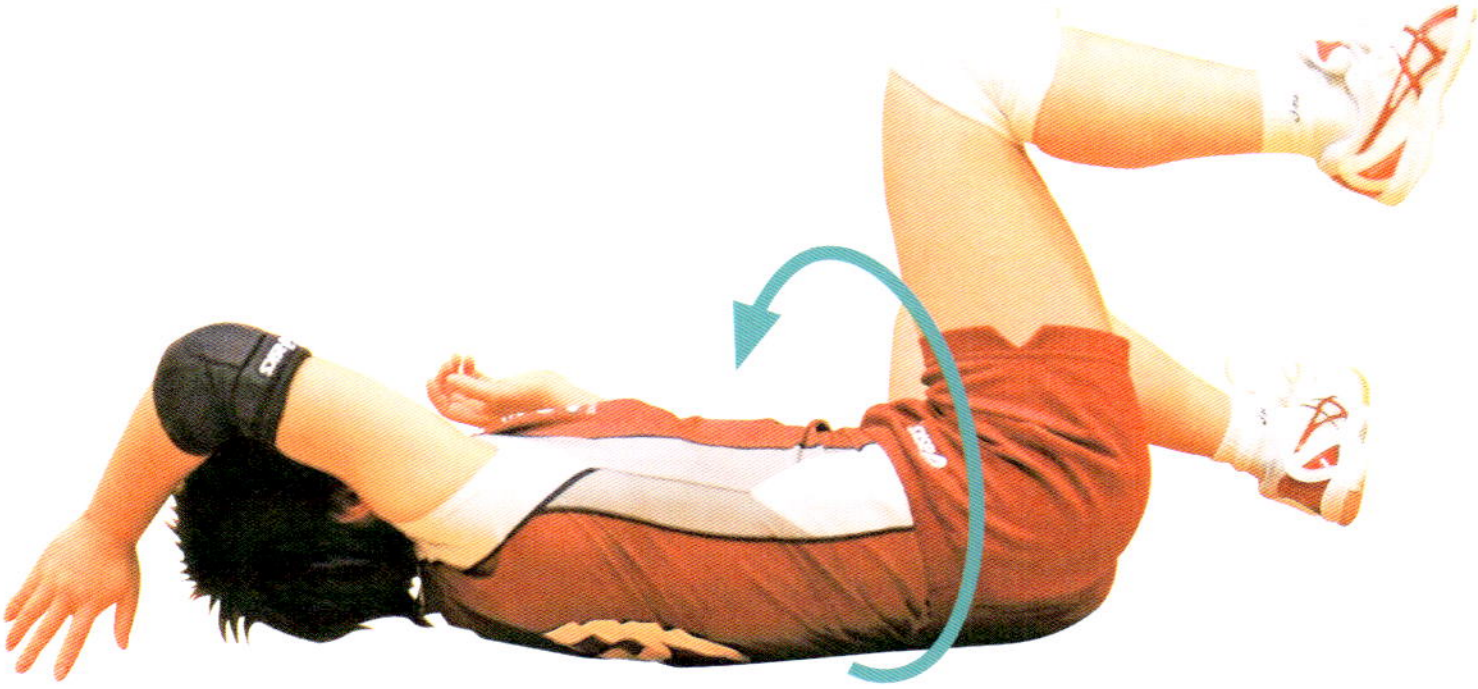

2 腕を床につき、開脚したままの体勢で回転しましょう

KANAの役に立つアドバイス

腕を滑らす
ようにして
その勢いで
回転しよう!

起き上がった後は、次のプレーへ

起き上がった後は、次のボールに対応できるように低い姿勢を心がけましょう。利き腕の方向だけではなく、どちら側にもレシーブし回転できるように、まずはボールなしでローリングの練習をしましょう。

3 身体を腕でしっかり支えて、起き上がる準備

4 完全に起き上がるまで、腕の力をゆるめないように注意

Dig

第4章
ディグ

対人レシーブの重要性

対人レシーブ（ペッパー）は、あらゆるテクニックが習得できる基本練習。また、チーム全員が同時にできるため、効率よく練習できます。単調になりがちですが、1本1本に集中して取り組む意識が大切です。

最初は簡単なパスから始め、徐々に強いボールや離れたボールなどレベルアップさせましょう。

対人レシーブの質が、チーム全体のレベルを表すと言っていいほど、この練習は重要です

上達のコツ②

スパイクの基本練習にもなる

対人レシーブは、スパイクを正確に打つ練習にもなります。スパイクの基本フォームが身についていないと、狙ったところに打てず対人レシーブが続きません。攻守を交互に繰り返し行いましょう。

パス練習から始め、最初は正面にボールを打ちます。身体が温まってきたら、少しずつ距離を離して、力強いボール、厳しいコースにボールを打ちます

スパイカーの手元をよく見てボールに反応しましょう。正面にきたボールは確実に、乱打に対してもしっかり相手にボールを返せるようにレシーブします

Lesson 1 目標設定を工夫しよう

対人レシーブ練習の基本は、A が打って B がレシーブ（下写真）、それを A がトスして B が打つ、を繰り返します。これを落とさずに連続して続けるなど目標設定することで、集中力、コントロールが身につきます。

Lesson 2 セッターつき練習

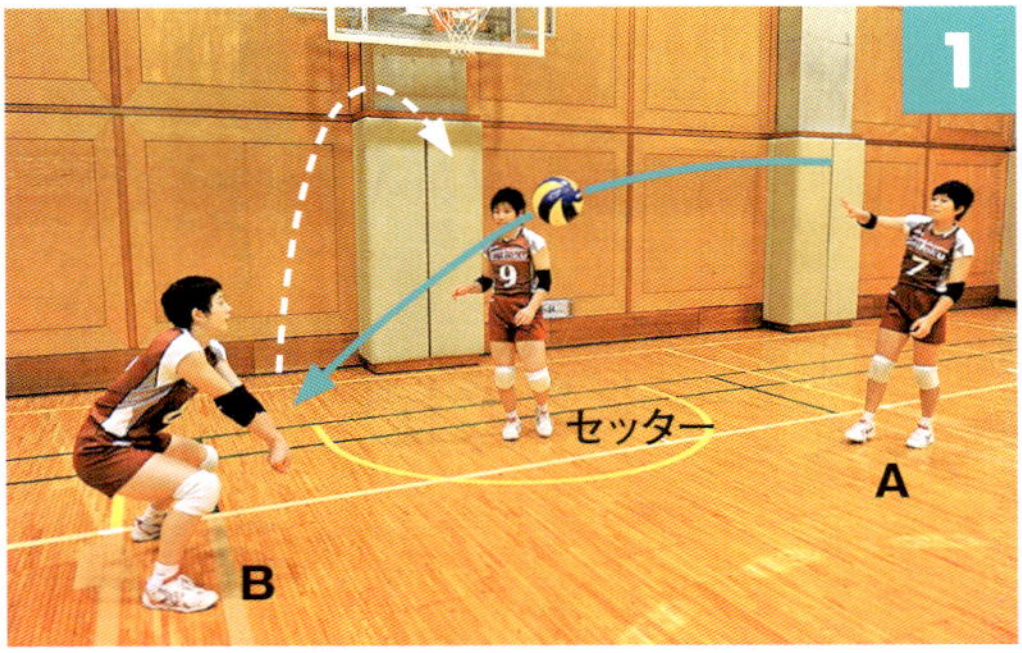

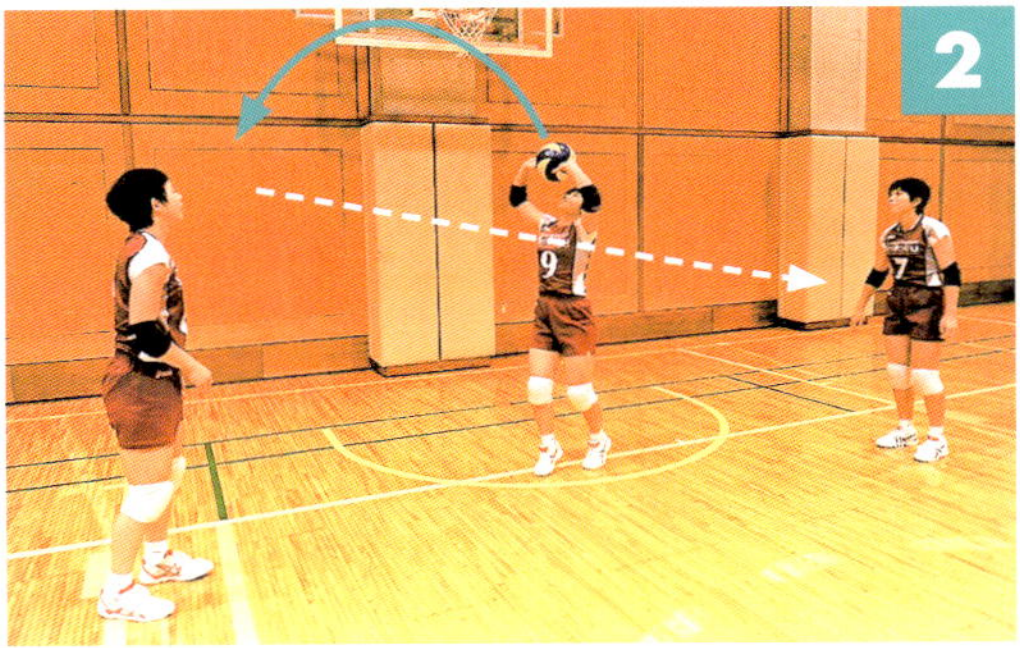

対人レシーブの間に 1 人セッターを入れます。A が打って B がレシーブしたら、セッターが B に向かってトスを上げます。その後、B は A に向かって打ち、A はセッターへ返球します。連続することを目指したり、時には厳しいコースを狙いましょう。

フォーメーションの種類

ディグのフォーメーションは、ブロックとの連携が重要です。レシーバーはブロックの陰に隠れないようにして、相手アタッカーやボールが見える位置に入りましょう。

レシーバーは、ブロッカーがストレート側を締める場合はクロス方向を中心に、クロス側を締める場合は、必ずストレートの位置に入りましょう。

上達のコツ③

ブロッカーの状況を確認しよう

その時の状況に応じてブロックの位置がその都度変わるので、レシーバーは構えている段階でブロッカーの状況を確認しておきましょう。相手アタッカーの手元もチェックすることを忘れずに。

2枚ブロック時のフォーメーション

ストレートを締める
フォーメーション例

ブロックに跳ばない前衛の選手は、下がってレシーブに入ります。後衛は、クロス方向のアタック、コート後方のワンタッチボールに反応できるようにしましょう

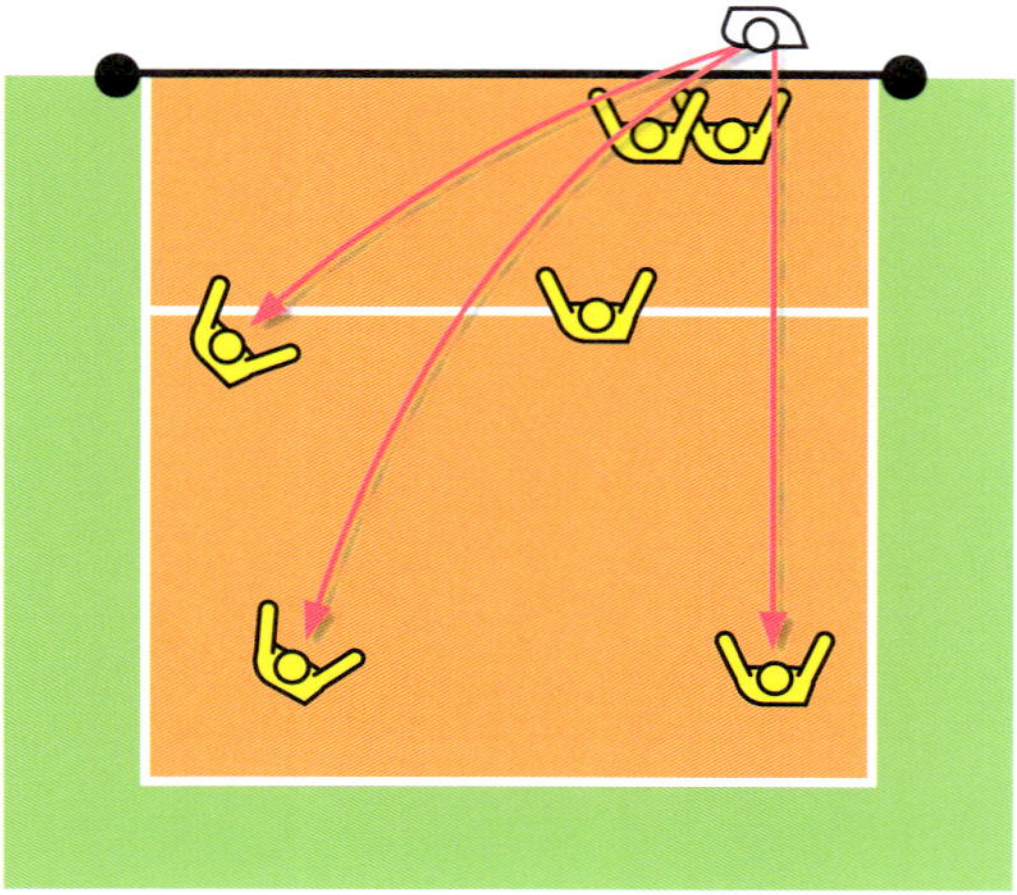

クロスを締める
フォーメーション例

レシーバーは、必ずストレートの位置に入ります。後衛中央の選手はブロックの間が空いていないかを確認してから守備位置に入りましょう

Lesson 1
コート中央のボールへの対応

コート中央に落とされるボールに対しては、基本的にはリベロが対応します。リベロは守備専門ですから、守備範囲は当然広くなります。コート後方を狙ったタッチ攻撃などには、対角にいる後衛のレシーバーが対応しましょう。

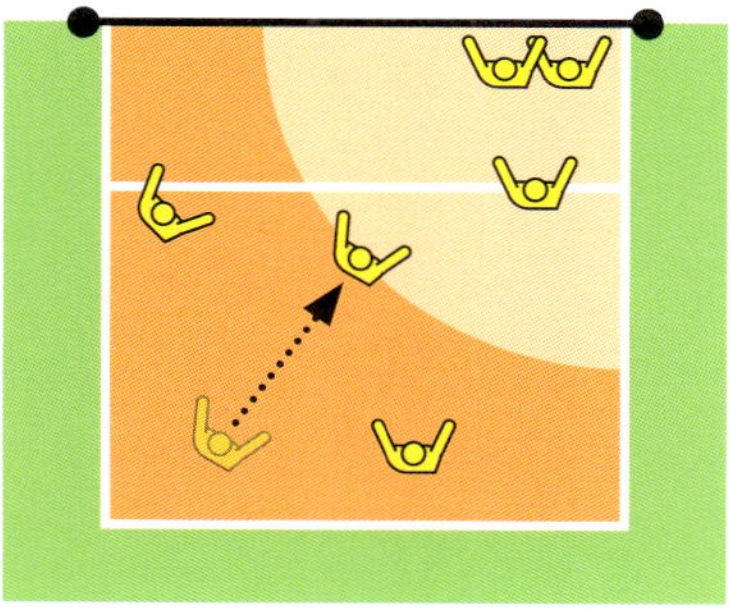

コート中央のボールの対応法

Lesson 2
ブロック枚数の使い分け

チームの特色によりブロックを1枚にせざるをえない場合は、フェイント対応を1人置き、4人がレシーブに入ります。身長が大きい選手がいるチームや相手チームに強力なエースがいる場合は、3枚ブロックで前を固めます。後衛はタッチやフェイントを想定しながら守りましょう。

1枚ブロックのフォーメーション

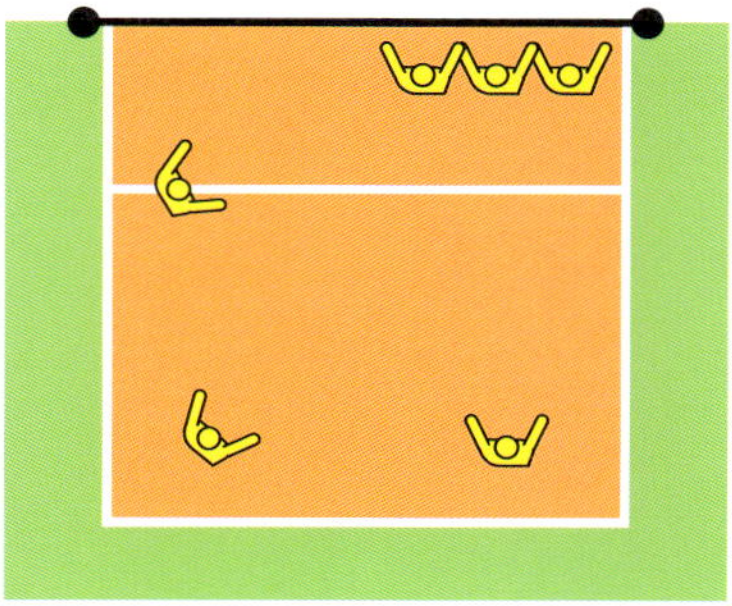

3枚ブロックのフォーメーション

ネットプレーの対応法

味方のレシーブがネットに当たった場合のカバーは、非常に大切です。常にボールの動きやスピードに合わせて反応し、カバーできる姿勢をとっておきます。

ネットに当たったら、あわてずに低い姿勢で落ちてきたボールをレシーブ。次にボールに触る人が余裕を持ってトスできるように高く上げましょう。

ボールの強さやネットのどこに当たったかによって跳ね返る場所が変わります。十分にヒザを曲げてできるだけ低い姿勢でレシーブしましょう

周囲の選手は、すぐにトスが上げられるように準備します

Lesson 1
跳ね返ったボールをレシーブ

2人1組になりネットを挟んで向かい合います。一度ネットに当てて落ちてきたボールを高く上げてネットの反対側の人にパスをします。反対側の人も同じように最初はネットに当てて、次に高くボールを上げてパスを連続させます。

Lesson 2
ネットの下を通過させる

ボールをネットに当てた後、ネットの下を通過させて反対側の人にパスをします。スピードが速くなるので、テンポよくパスを連続させます。これができるようになったら、同じ動作でネットの端から端まで移動しながらパスをしましょう。

Column 4

Kana's Memory

フライングレシーブに憧れて

成徳学園中学に進学してから、フライングレシーブに憧れて練習するようになりました。男子選手のように空中の高い位置でボールを受けて、大きくフライングするのがカッコいい！　と思っていたのです。当時、身長が高いのにフライングレシーブができるのはすごいと、ほめられるのがうれしくて、だから、腰骨の周りもヒジやヒザもアザだらけでした。

今から考えると、無謀だったなと反省しています。後々、腰の故障を抱えることになったのも、こうした無理なフライングが原因のひとつになっていると思っています。

やっぱり最初は低い位置から練習を始め、徐々に高さを上げていくこと。また、同時に体幹や筋力トレーニングなどもしっかり行って、身体に負担をかけずに着地することが大切です。やりたいプレーを目指して練習するのは決して悪いことではありません。段階を追って少しずつ習得するようにしてほしいと思っています。

中学時代。
アザだらけになりながら、
仲間とともに
練習に取り組んだ（左端）

第5章

Attack

アタック

オープンスパイクの基本

レフト、ライトに上がった高いトスに対して助走し、高いところでボールをとらえてスパイクを打つのが、オープンスパイクの基本です。

　トスが上がってから助走を開始し、ボールの落下地点に合わせて踏み込み、真上にジャンプしましょう。最後の1歩をカカトから大きく踏み込むことで、助走の勢いをジャンプに変えて高く跳ぶことができます。助走、ジャンプ、スイング、フォロースルー、着地までの一連の動きをしっかり身につけましょう。

4 左手をボールにかざすような意識で伸ばし、ボールをとらえる準備

5 身体の前方でボールをとらえて体重をのせて打ちます

KANAの役に立つアドバイス

高めのトスは「サードテンポ」と呼んでいます。

レベルに応じて助走の歩数を変える

スパイクの助走は、できるだけ多くが理想ですが、初心者であればまずは1歩、2歩で、トスをよく見ながらタイミングを合わせていきましょう。徐々に合うようになったら、助走を3歩以上にして高さを出し、力強いスパイクを打っていきましょう。

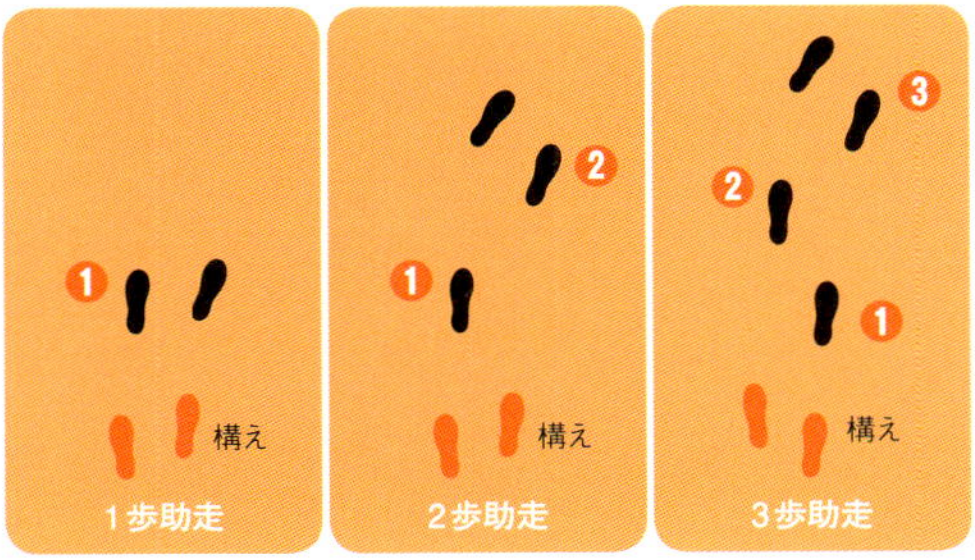

1
構え
1歩助走
1
2
構え
2歩助走
1
2
3
構え
3歩助走

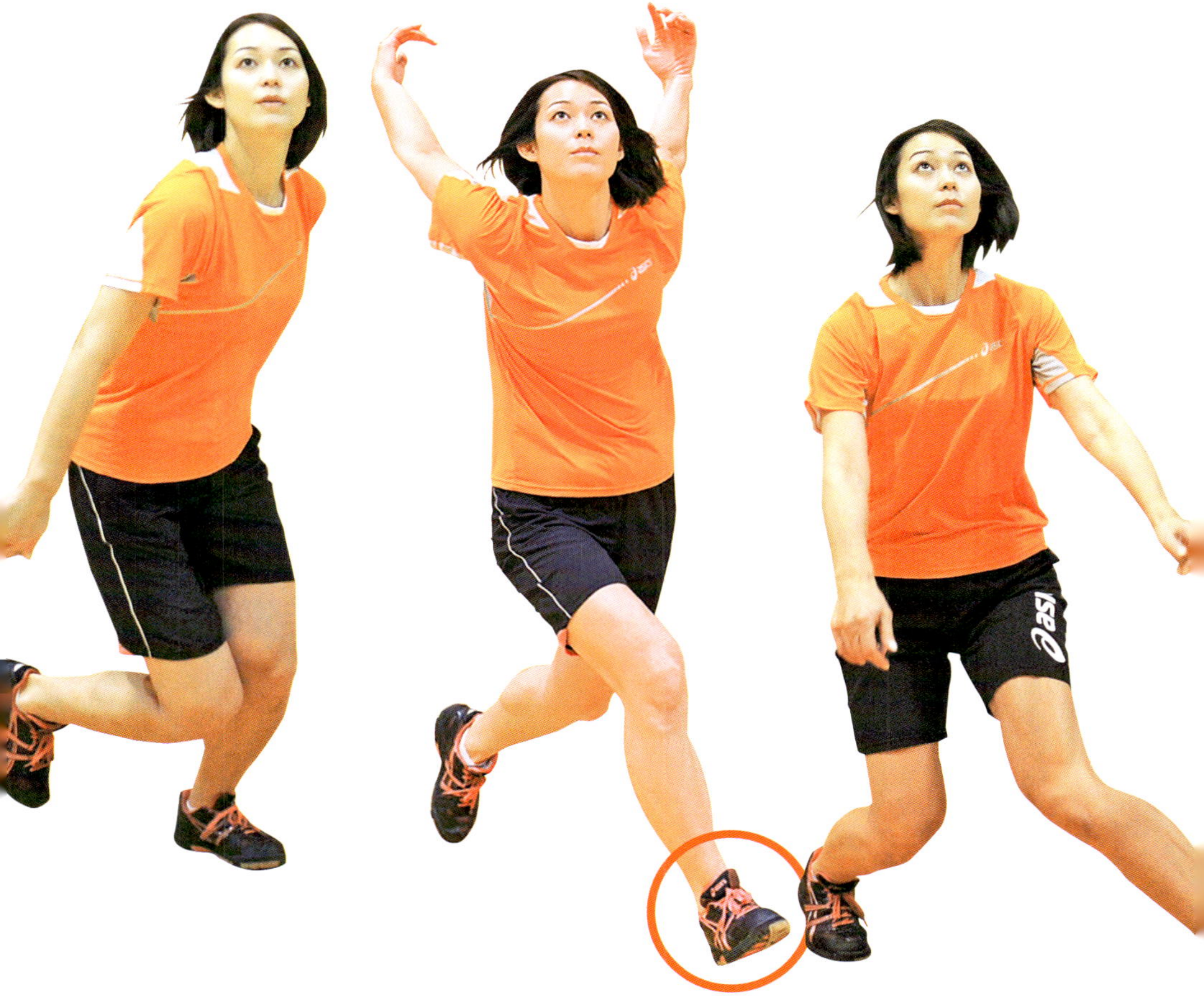

1 トスが上がったら助走を開始します

2 最後の踏み込みはカカトから強く大きく

3 腕を上方に振り上げ真上にジャンプ

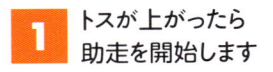

キャッチボールで身につける

スパイクの基本動作は、普段の練習で行うキャッチボールで身につけることができます。

ボールを投げる時は、後方に肩を引き、重心を移動させながら身体の前で投げるのがポイントです。ボールを送り出す時は、ボールを持っていないほうの手を胸元に引きつけ、高い打点からボールを投げましょう。

腰、肩、腕の動きを確認しながら、キャッチボールに取り組むと、身体に負荷のかからない理想的なスパイクフォームが身につきます。

3 腰を回転させるようにしてボールを前方へ

4 左手を引きつけ、お腹に力を入れてボールを投げましょう

KANAの役に立つアドバイス

腰を回転させて
全身を使って投げる

キャッチボールはスパイクの動作そのもの。手だけでボールを投げるのではなく、腰を回転させて全身を使って高い位置からボールを投げられるように練習しましょう。身体の前方でボールを離して投げるのがコツです。

1 ボールを持って構えます

2 ボールを投げるほうの肩を後方に引きます

勢いのつく助走のとり方

3歩助走は、1歩目は小さく、2歩目は少し大きくリズムに乗り、3歩目は大きくカカトから踏み込みます。助走のコースはネットに対してまっすぐ入るよりも、斜めに入るとより勢いがつきます。

踏み込む時はバックスイングを大きくとり、腕の振りを使って身体全体を引き上げる意識でジャンプしましょう。

上達のコツ①

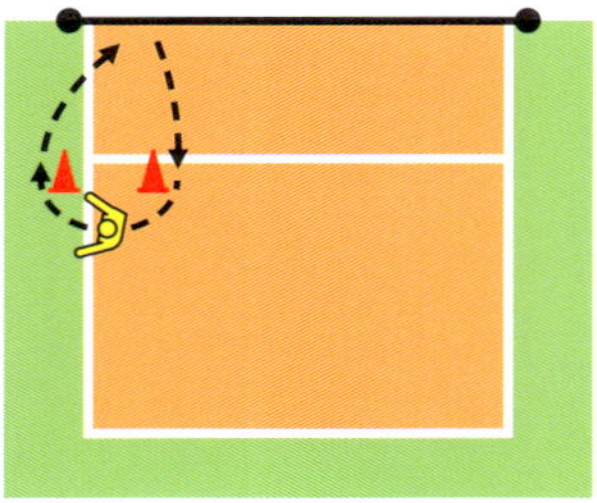

助走の練習

コーンよりも外側をまわる

ラリー中の助走の動きを身につけるには、ネットからまっすぐに下がったところにコーンを置き、コーンより外側をまわって助走します。打つことよりも助走を大きくとることを意識し、一連の動きを繰り返しましょう。

トスの高さ、ボールの軌道を確認しながら踏み込みます

腕を後方に振り上げ、前方に持ってくる力を使って高くジャンプ

最後の踏み込みは、強く大きく。1歩目からリズムよく助走

テクニックが身につく練習法

Lesson 1
カベ打ちを連続でできるようにしよう

カベ打ちは１人でできるスイングとミートの練習です。カベに向かってボールをミートさせます。正確な位置でミートすれば床からカベに当たったボールは、また打てる位置に戻ってきます。連続で打てるように練習しましょう。

コートの外側を狙う練習

Lesson 2
コートの奥を狙う意識を身につけよう

エンドラインの１ｍ外側にテープでラインを作り、アウトになってもいいのでそのスペースを狙ってスパイクを打ちましょう。コートの奥を狙う意識が芽生えることで、ラインぎりぎりのコースに打つことができるようになります。

高くジャンプする方法

バックスイングした後は
左手をしっかり上げて、
身体を引き上げましょう
手のひらを下に向けて
ヒジが下がらないように
スイングの準備
最後に踏み込む足は、
内側に向けます

高くジャンプするポイントは、最後に踏み込む足のつま先を内側に向けること。そうすることで、助走の勢いが前方に行くのを食い止め、真上に高くジャンプできます。

ジャンプしたら、左手をまっすぐ伸ばして、身体をリードするように空中へ引き上げます。ボールから目を離さないように注意しましょう。

上達のコツ②

太ももとお尻に力を入れてジャンプ

踏み込んだ時に太ももの後ろ側の筋肉（ハムストリングス）とお尻の筋肉（大臀筋）を意識して使いましょう。カカトからしっかり踏み込むと、身体の後ろ側の筋肉が有効に使えます。

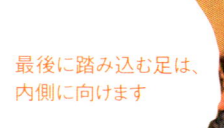

テクニックが身につく練習法

Lesson 1
ジャンプ時の身体の使い方を覚えよう

2人1組で前後に立ちます。前の人は低い姿勢からバックスイングしてジャンプの体勢に入ります。それに合わせて後ろの人が前の人の腰を持ち上げると、実際のジャンプ力以上に高く跳ぶことができます。両足でしっかり着地することを心がけましょう。

Lesson 2
左手のフェイントで正しいフォームを確認

トスを上げてもらい、左手（利き手と反対の手）でフェイントします。左手でボールをとらえるには、トスの下に入りしっかりジャンプして左手を高く上げなければ打てません。助走の入り方や正しいフォームを確認できる練習です。

強いボールを打つスイング

ジャンプした後は、ボールの位置をよく確認しながら、ヒジが下がらないようにスイングします。

　アゴが上がらないように注意して、身体の前方でボールを叩きましょう。スイングする時にもう一方の手を胸元に置くと、お腹に力が入り、より体重がのったパワーのあるスパイクを打つことができます。

ボールの落下地点を上目遣いで確認しましょう

左手を胸元に引きつけ、お腹に力を入れます。体重が前にのるような体勢を作りましょう

必ず両足で着地しましょう。片足で着地するとケガのもとになります

上達のコツ③

スイングの準備

手のひらを下に向けるとヒジが下がらない

手のひらを下に向けておくと、ヒジが下がりにくくなります。ヒジを上げた状態で肩を引くと、高い打点を維持できます。ボールを叩く時は、ボールの上部分をとらえて手首のスナップをきかせましょう。

テクニックが身につく練習法

Lesson 1
タオルを使ってスイングを身につけよう

スパイクする手でタオルの端を持ち、もう一方の手でリードしながらすばやいスイングをしてタオルをネットにかけましょう。スイングフォームが正しくないとタオルに力が伝わらず、ネットにかかりません。この練習でスイングのフォームを確認しましょう。

Lesson 2
タオルボールをつかんだスイングをしてみよう

通常のボールだと重さもあるので、最初は軽いタオルボール（長いタオルを丸めるようにして結ぶ）を使うといいでしょう。姿勢を正した状態で目の前にボールを投げて、上半身を使って高い位置でつかみ、下に振り下ろしてみましょう。慣れてきたらスピードアップしてみてください。

コースの打ち分け方

正しいフォームでスパイクを打てるようになったら、コースを打ち分ける練習をしましょう。

レフトからクロスへ打つ時は身体の右前でボールをとらえ、スイングした後のフォロースルーでは親指が右の太ももの脇に当たるようにします。

ストレート打ちは、顔のやや正面でボールをとらえ、フォロースルーでは親指を左太ももに当たるような意識で振り下ろします。

クロス

トスが上がってきた方向、顔の右上付近でボールをとらえます

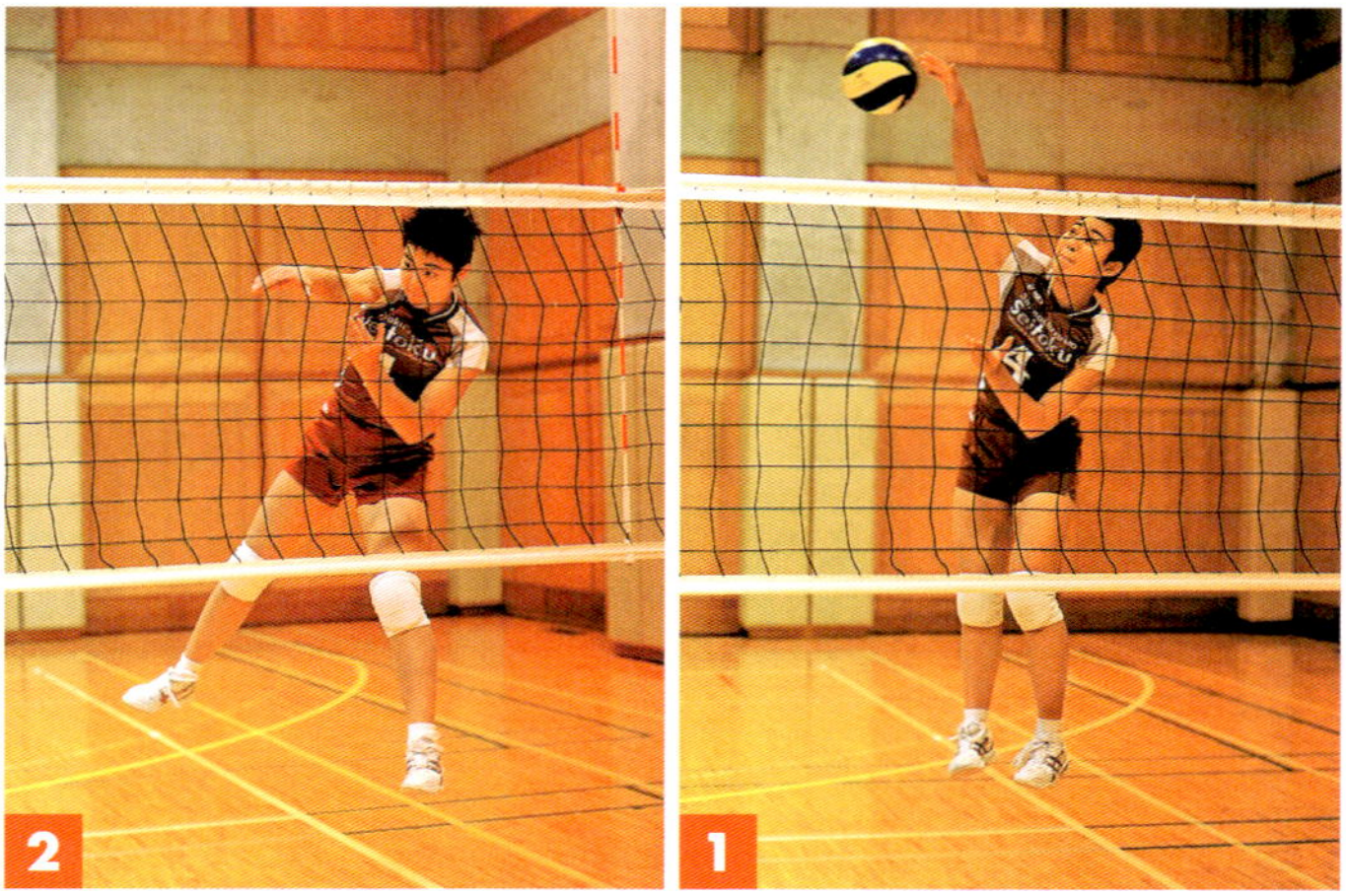

ストレート

トスがアンテナ側までくるのを待ち、顔の正面でボールをとらえます

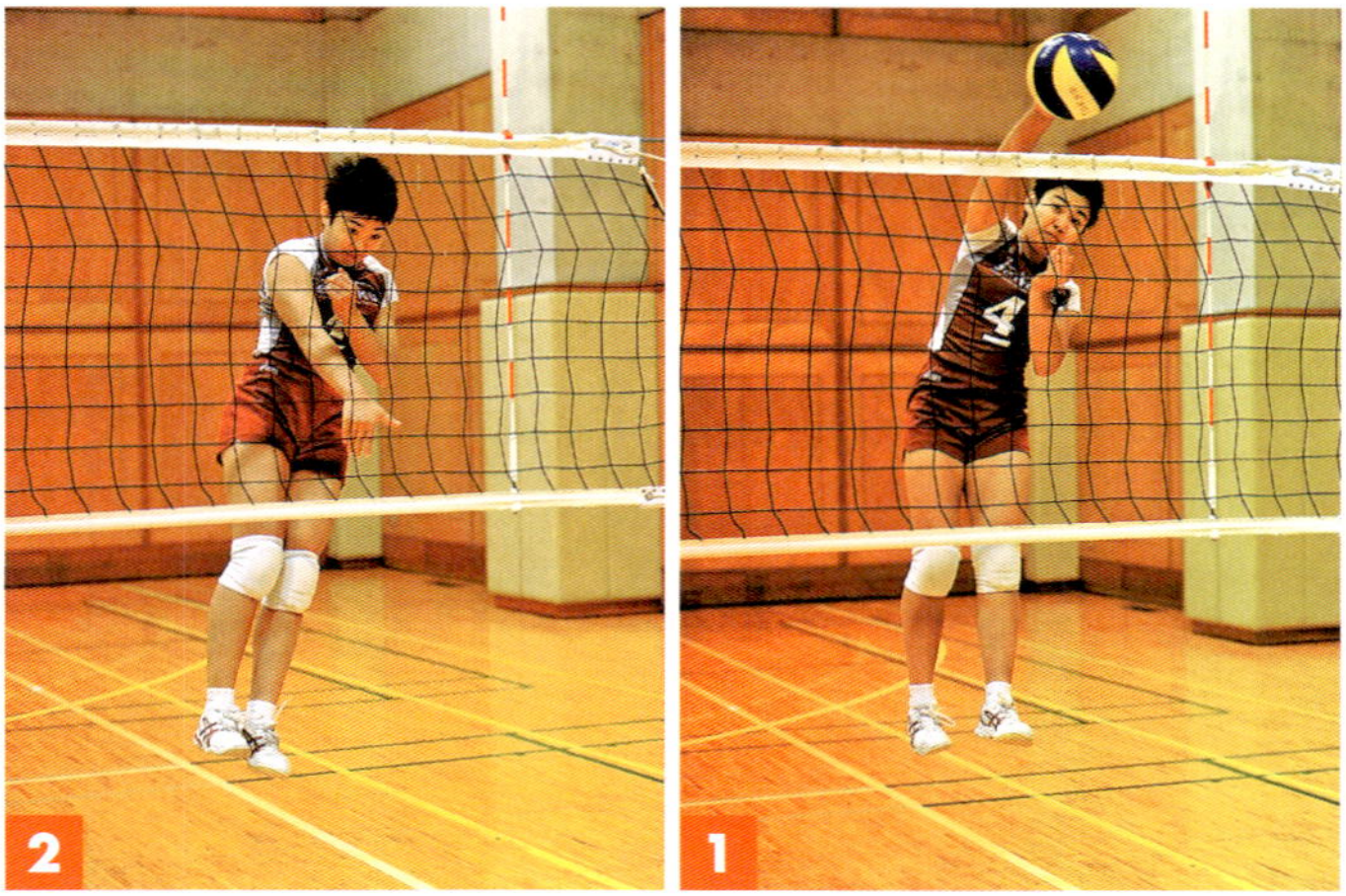

Lesson 1
タオルを目標にコースを打ち分けよう

練習したいコースのネットの上にタオルをかけて、タオルめがけてスパイクを打ちましょう。タオルを視界に入れて、白帯のどの位置を狙うとどのコースに打てるかを確認。コース打ちに慣れるまでは目標設定を近くに置きましょう。

Lesson 2
フォロースルーをマスターしよう

ボールを使わずにスイングからフォロースルーまでの基本フォームを身につけましょう。ボールをとらえる位置とフォロースルーで親指が太ももに当たる位置を確認しながら、クロス、ストレート両方のフォームをしっかりマスターしましょう。

コースによって変わるフォロースルー

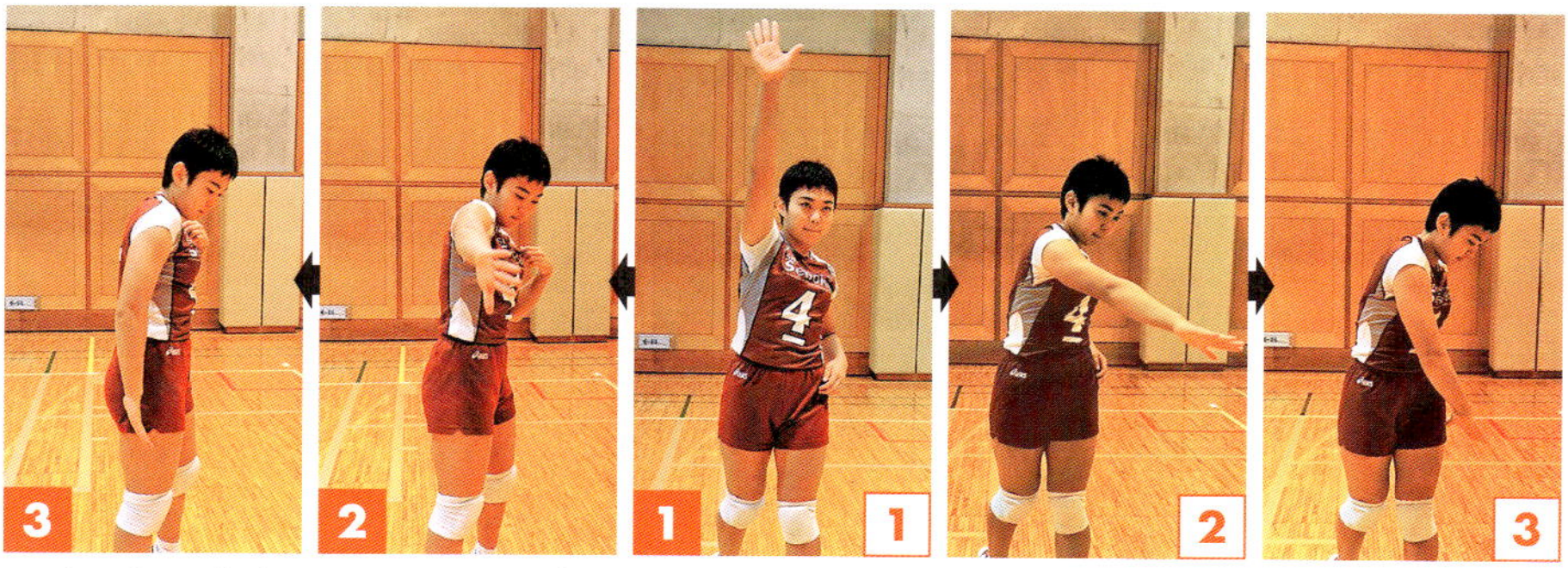

レフトのクロス打ち・ライトのストレート打ち

レフトのストレート打ち・ライトのクロス打ち

ブロックアウトの狙いどころ

ブロックアウトは、相手ブロッカーの手を狙って打ち、ボールをコートの外に弾き出すテクニックのこと。

特に大型のブロッカーにコースを塞がれてしまった時や、トスがネットに近くになってしまった時に行うと効果的です。

ブロックが視野に入っていないと、ブロックアウトをとることもブロックをかわすことも困難です。まずはスパイクを打つ時にブロックをしっかり見て、視野に入れられるようにしましょう。

ブロッカーが力を入れにくいところを狙って打つと、比較的ブロックアウトがとりやすくなります。 スパイカーは最後までボールの行方を追い、完全にアウトになるまで確認しましょう

テクニックが身につく練習法

Lesson 1
ブロックに向かってスパイクを打とう

ブロックが見えるようになれば、ブロックアウトは必ずできます。最初は、わざとブロックに当ててスパイクを打つ練習をします。少しずつブロックが視野に入ってきたら、狙った場所に打ちブロックアウトの練習をしましょう。

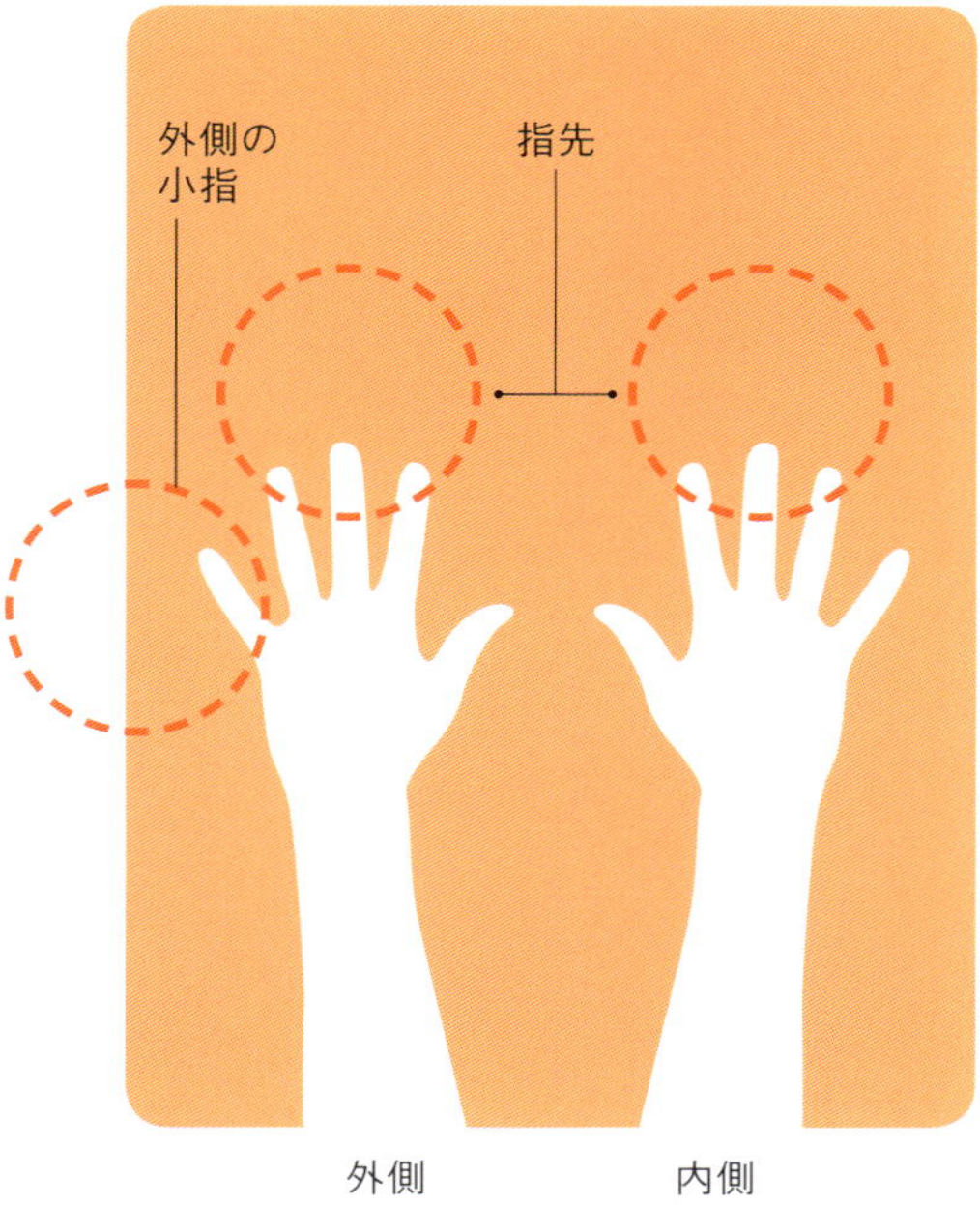

Lesson 2
指先を狙ってボールを弾き飛ばそう

ブロックアウトをとるための相手ブロッカーの狙いどころは、大きく分けて２ヵ所です。特に相手ブロッカーの手の力が入りにくい指先、外側の小指と薬指近くを狙ってコート外側にボールを弾き出します。アウトボールにならないように、ブロックをよく見て打ちましょう。

フェイントの落とし方

フェイントは、ブロックの真後ろや真横など、コートの前方を狙って落とすテクニックです。

フェイントは決して逃げではありません。トスの状態が悪い時よりも、いいトスが上がってきた時こそフェイントのチャンスです。

相手にフェイントだと見破られないように、スパイクを打つように勢いよく助走に入り、攻撃する意識をもって仕掛けましょう。大きなバックスイングで強打を打つと見せかけると、より効果的に決まります。

3 身体の前でボールをとらえて空中に置くようにフェイント

4 コート前方やブロッカーの背後を狙いましょう

KANAの役に立つアドバイス

ボールを空中に置くように落とす

助走は勢いよく走り込みますが、ボールをとらえる時は、ボールを指先でとらえましょう。「ボールを置く」イメージで、コート前方に落とすのがポイントです。

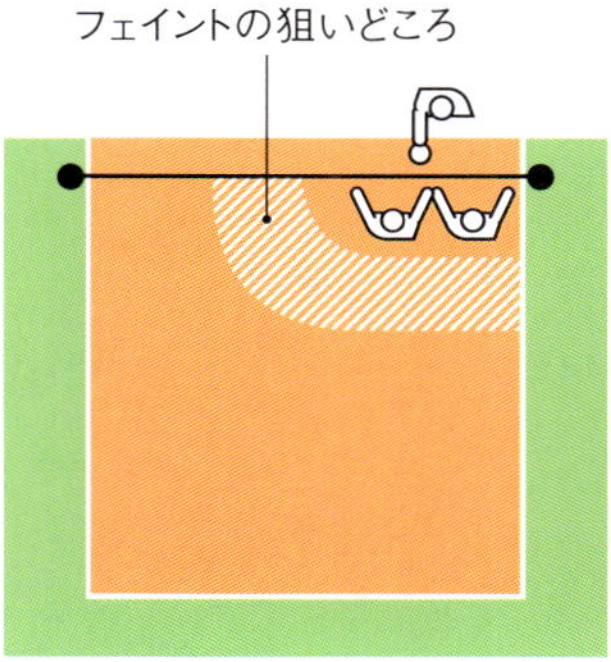

1 しっかり踏み込み
真上にジャンプ

2 手のひらを広げて
高いところでボールをとらえる準備

タッチの落とし方

タッチは相手コートの中央から後方にボールを押し込むテクニックです。狙いどころは、フェイントよりも遠いアタックライン付近です。助走、ジャンプまではスパイクと同じフォームを維持し、しっかりとボールをとらえて押し込みます。

　フェイントやタッチは、必ず成功しなければならないというわけではありません。幅広い攻撃バリエーションを相手に見せることで、相手の守備を崩す効果が生まれます。

2

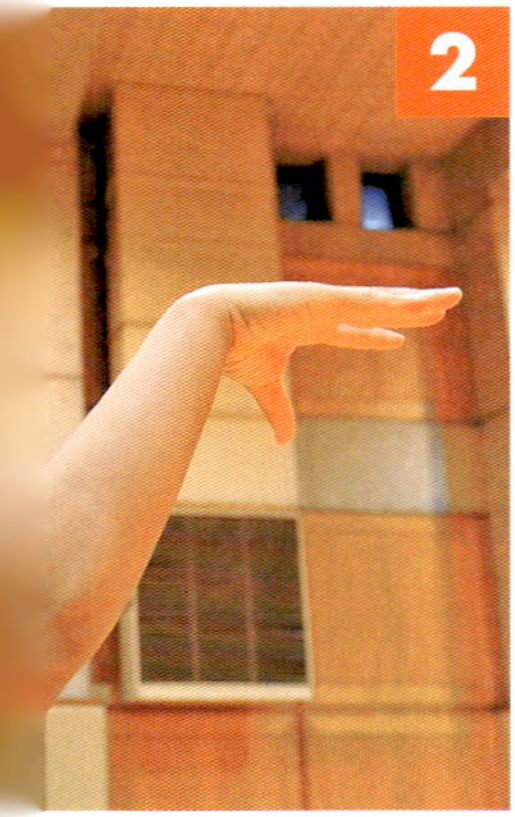

3 身体の前でボールをとらえ狙いどころを定めましょう

4 スナップをかけながら、腕をしっかり伸ばしてボールを押し込みます

KANAの役に立つアドバイス

手首を返してボールを押し込む

フェイントと違って落とすまでの距離が遠いので、ボールをとらえたら手首を返してボールを押し込みましょう。相手ブロックをしっかり見極めてボールを押し込むことが、大切です。

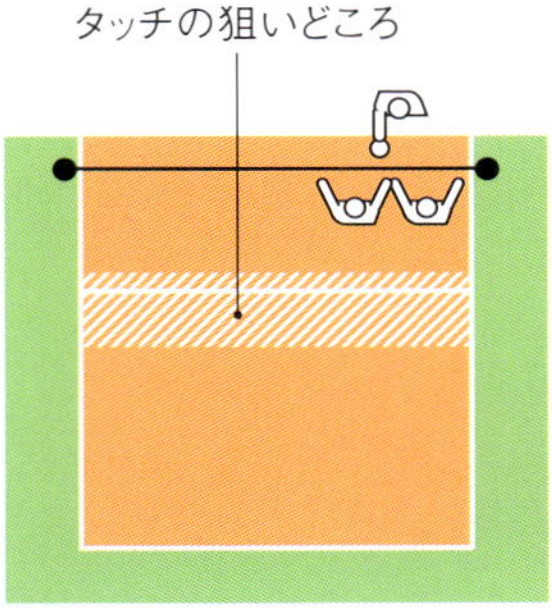

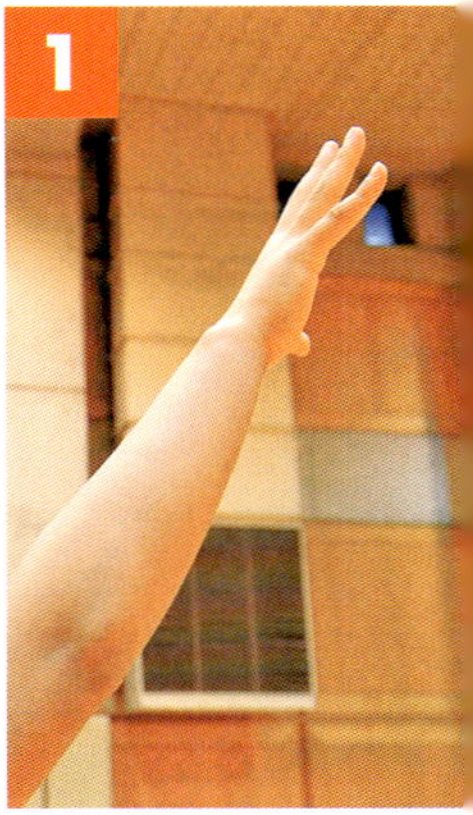

1 スパイクを打つつもりでジャンプ

2 高い位置でボールをとらえる準備

バックアタックの打ち方

バックアタックは、アタックラインの後ろから後衛の選手が打つスパイクのこと。ネットから離れているため、高度なテクニックに見えますが、まっすぐ助走に入ってそのまま身体の向きに従って打てばいいスパイクなので、さほど難しくはありません。前衛のスパイクよりも角度が広がり体重ものるため、相手ブロックを打ち抜くこともできます。

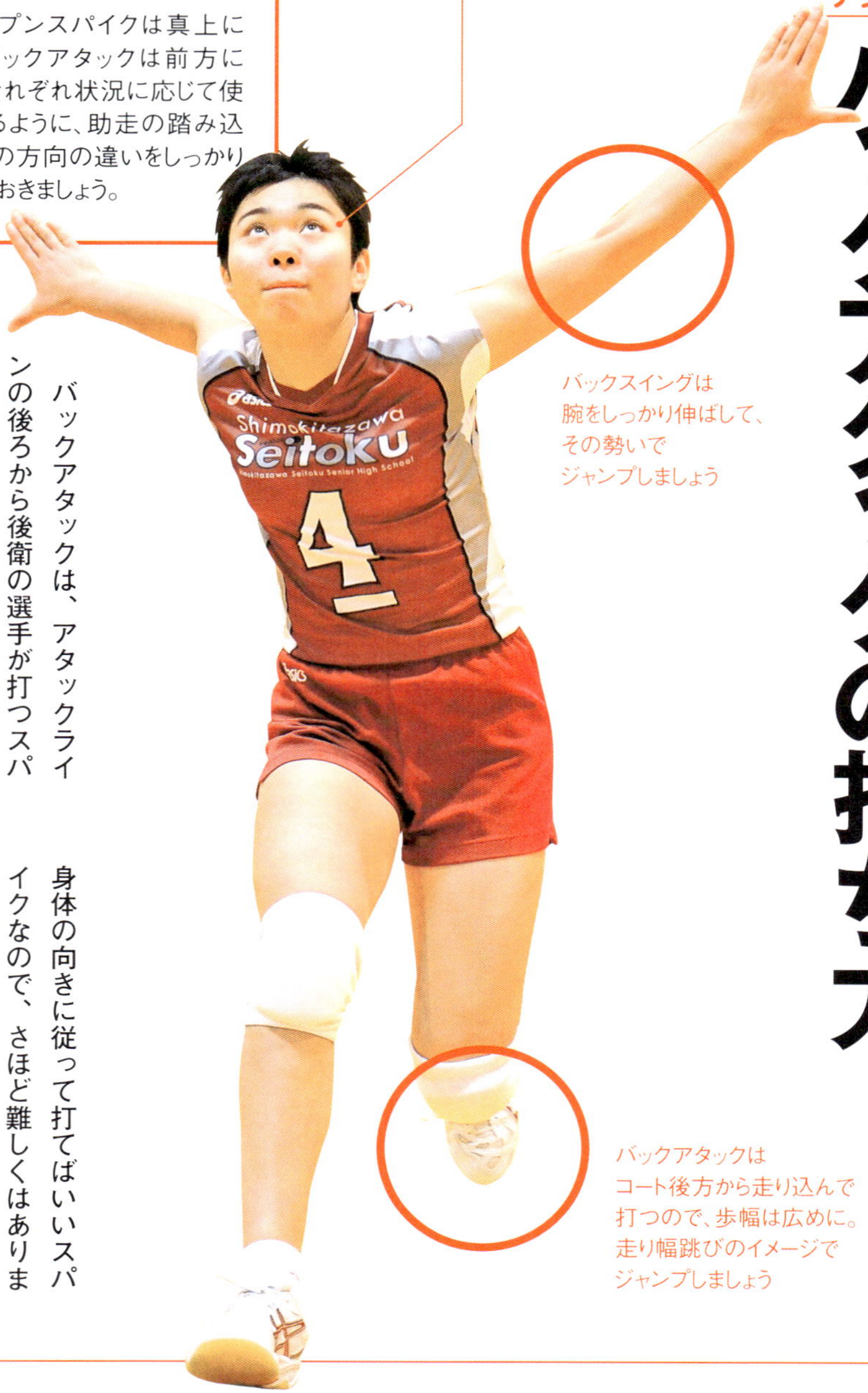
Shimokitazawa Seitoku
4
アゴが上がってしまうと
かぶっている証。
常に上目遣いで
トスの高さを確認しましょう
バックスイングは
腕をしっかり伸ばして、
その勢いで
ジャンプしましょう
バックアタックは
コート後方から走り込んで
打つので、歩幅は広めに。
走り幅跳びのイメージで
ジャンプしましょう

上達のコツ④

踏み込み、ジャンプの違いを知ろう

前衛のオープンスパイクは真上にジャンプ、バックアタックは前方にジャンプ。それぞれ状況に応じて使い分けられるように、助走の踏み込み、ジャンプの方向の違いをしっかりマスターしておきましょう。

テクニックが身につく練習法

Lesson 1

踏み込む角度を浅くして前にジャンプ

バックアタックはネットタッチの心配がないので、助走して前方向へ向かってジャンプしましょう。踏み込む足の角度をオープンスパイク時よりも浅くするとブレーキがかからず、力強いバックアタックを打ち込むことができます。

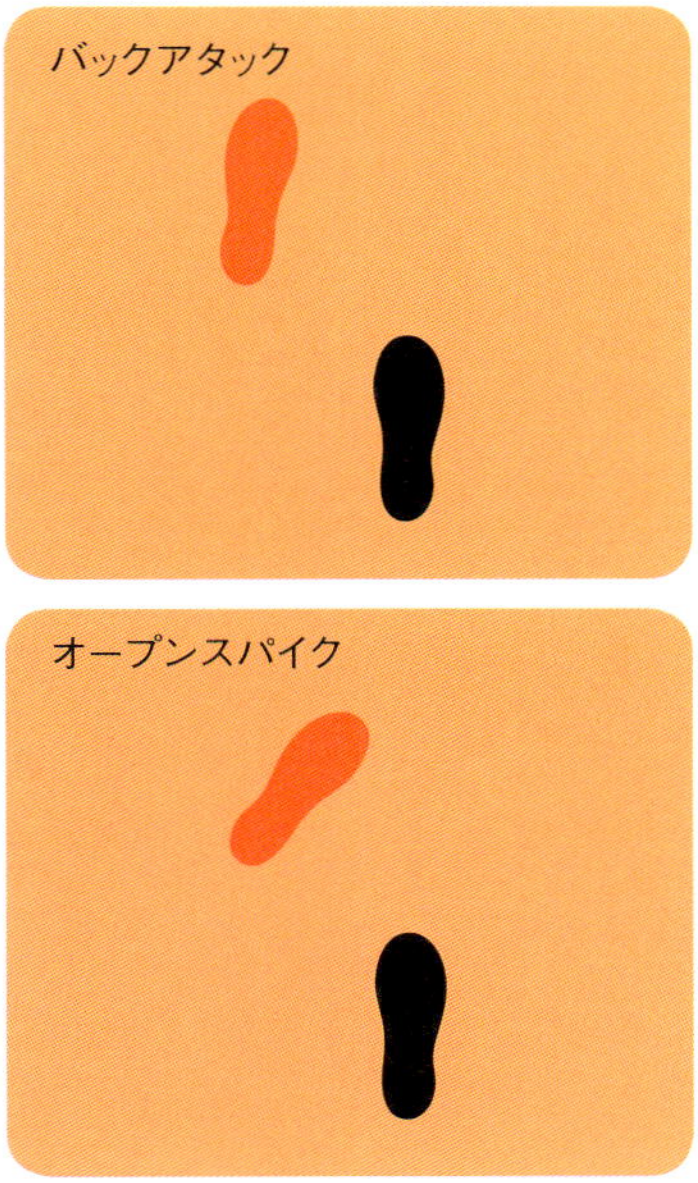

踏み切り時の足の角度

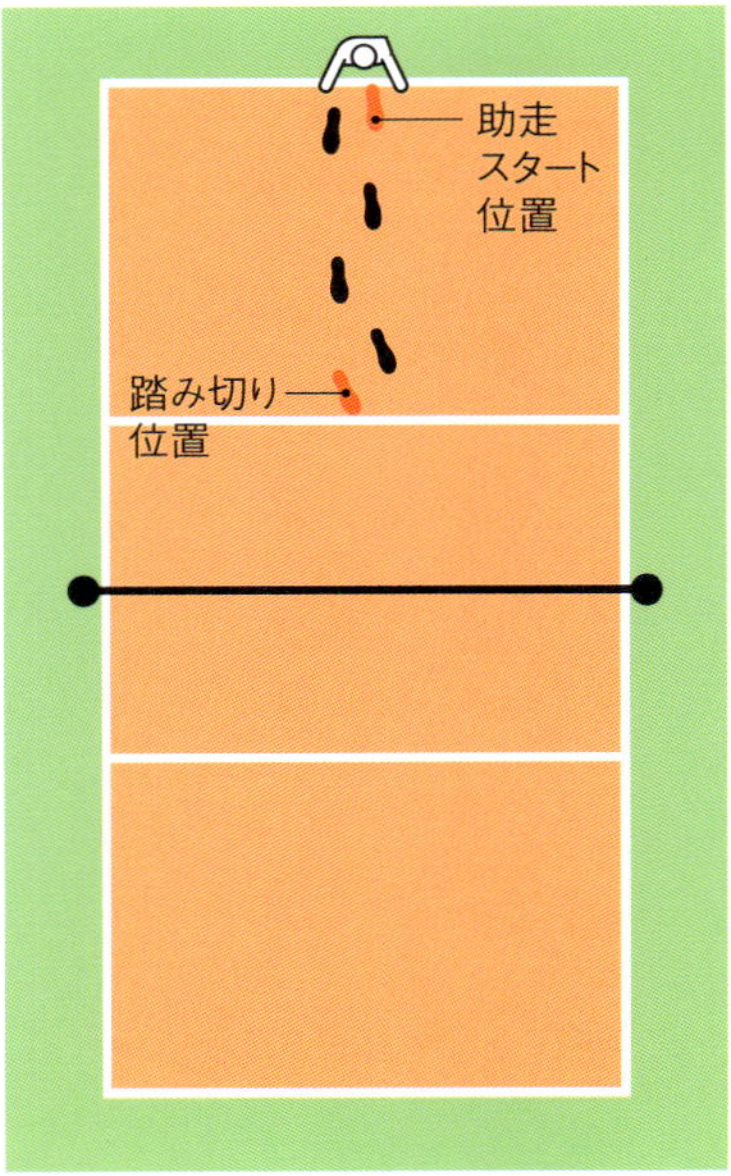

助走の
スタート位置から
踏み切り位置まで
歩数で測る

Lesson 2

スタートや踏み切る位置を確認しよう

アタックラインを越えてはいけないので、どの位置から助走をスタートして踏み切るかを把握しておくことが大切です。助走のスタート位置を歩数で確認し、セッターにトスを上げてもらい空中でボールキャッチする練習から始めましょう。

クイックの基本

クイックは、スパイカーが先に助走を開始して、それにセッターが合わせてトスを上げるテンポの速い攻撃です。

　クイックの基本となるのは、セッターのすぐ前で打つAクイック。スピードを重視しながらもバックスイングを大きく行い、しっかり身体を引き上げて、できるかぎり高いところで打つことが大切です。

　速く打つことに気をとられ、打点が低くならないように注意しましょう。

1 バックスイングを大きく行い
セッターがトスを上げる前に助走に入ります

2 ボールの動きを確認しながら
踏み切ります

KANAの役に立つアドバイス

トスが上がる前に助走に入る攻撃を「ファーストテンポ」と呼んでいます。

ネットに近すぎないように助走する

クイックで大切なことは、ネットに近すぎないように助走すること。近すぎるとブロックにつかまりやすく、コースの打ち分けもできません。目安は上目遣いでボールを見られる距離。セッターと一緒に練習しましょう。

3 スパイカーのジャンプに合わせてセッターはセットアップ

4 ボールの軌道をよく確認してスパイクを打ちます

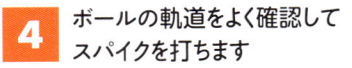

コースの打ち分け方

クイックのコースの打ち分け方は、オープンスパイクと同じです。身体の向きと同じ方向にすばやく打つ「クロス打ち」は、スパイカーの顔の右側でボールをとらえ、そのまま右の太ももまで腕を振り下ろして打ちましょう。

　身体の向きと反対のコースに打つ「ターン打ち」は、顔の中心よりやや左側でボールをとらえるようにして空中で身体をターンさせて打ちます。

　マスターできたら、助走に入る角度を工夫して相手ブロッカーのマークをはずしましょう。

クロス打ち

1 顔の右側でボールとらえます

2 右の太ももに親指が当たるように腕を振ります

KANAの役に立つアドバイス

小さな放物線を描くコースを打ち分ける

クイックを打つ時にコースを打ち分けるには、小さな放物線を描くトスを上げてもらうことが重要です。全速力で助走を行い、トスの最高到達点を見極めてボールをとらえましょう。

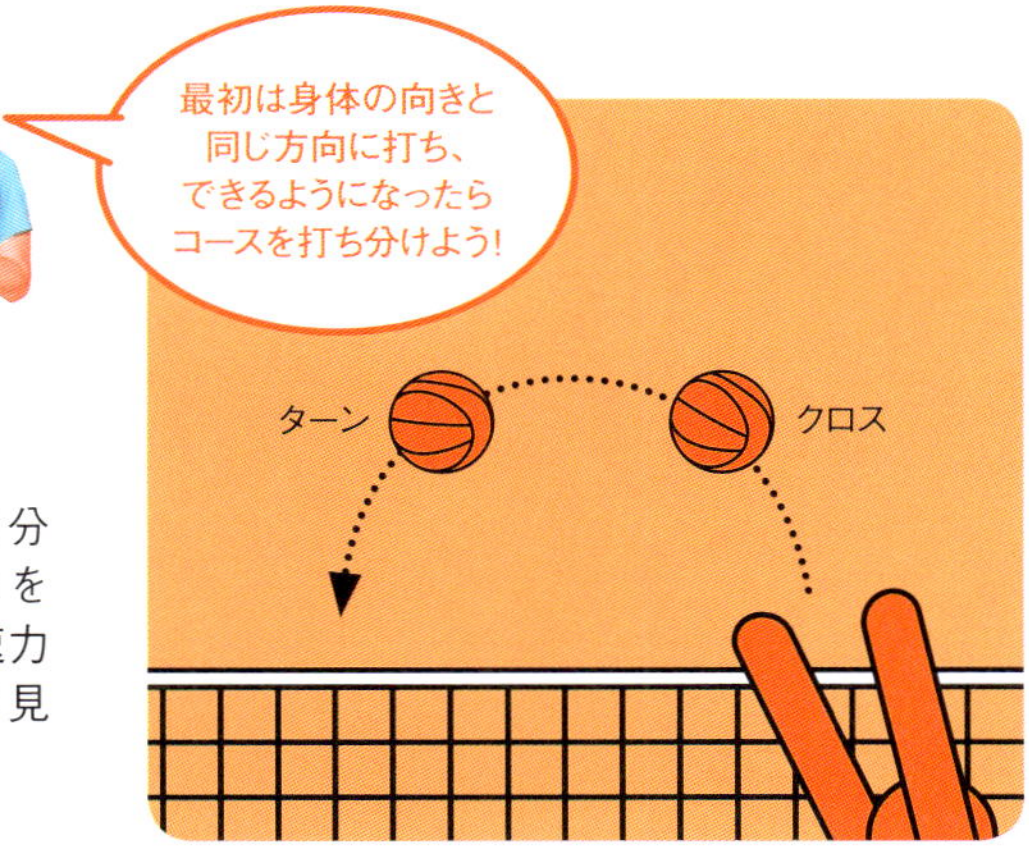
最初は身体の向きと
同じ方向に打ち、
できるようになったら
コースを打ち分けよう!
ターン
クロス

ターン打ち

1 顔の左側でボールとらえます

2 左の太ももに親指が当たるように腕を振ります

Bクイックの打ち方

Bクイックは、Aクイックよりもセッターから離れた場所、センターとレフトの中間くらいの位置から打つクイックのことを言います。

Bクイックの打ち方は、基本的にAクイックと同じ。スパイカーが先に助走を開始し、それに合わせてセッターがトスを上げます。ただし、Aクイックよりもトスの距離が長いため、スパイカーはボールの位置をよく確認しながら、高いところで打てるようにしましょう。

1 セッターのトスアップ時には踏み切ります

2 トスがくる前にジャンプします

KANAの役に立つアドバイス

トスはネットに
近すぎないように注意!

距離がある分、練習を重ねる

Bクイックは、スパイカーとセッターの距離が離れているため、トスの高さや軌道を合わせることが大切です。セッターと一緒に練習を繰り返し、コンビネーションを確立しましょう。コースを打ち分けるため、トスはネットに近すぎないことが大切です。

3

できるだけ高いところでボールを叩きます

4

ボールをよく見て打ちます

Cクイックの打ち方

Cクイックは、セッターのすぐ背後で打つクイックのこと。Aクイックと直前まで見分けがつかない攻撃でリズムに変化が生まれるため、相手ブロックを翻弄《ほんろう》することができます。

セッターは背後にいるスパイカーが見えないため、お互いに声を出し合ってタイミングを合わせることが大切です。スパイカーは助走を開始する時に「入った」などと声をかけ、高いところで打てるようにしましょう。

1 踏み込んだ時にセッターに必ず合図しましょう

2 トスの軌道を確認します

トスが低くならいように
気をつけよう!

KANAの役に立つアドバイス

トスを上げた後はすぐに確認

セッターはトスを上げた後、すぐに後ろを振り向き、トスの軌道を確認してください。スパイカーの打つタイミングとトスの高さが合っているかをチェック。練習の時から声をかけ合い、スパイカーの助走開始、踏み込みのタイミングをつかみましょう。

4 ボールをよく見てとらえましょう

3 トスの最高到達点で
ボールを打ちます

平行トスを打ちこなす

平行トスのスパイクも、クイックと同じようにスパイカーが先に助走を行い、セッターはそれに合わせてトスを上げます。クイックと同じタイミングでスパイカーが助走に入ることで、相手ブロッカーを惑わすことができます。

スパイカーは、Bクイックのトスの延長線上で打つという意識で助走に入り、セッターはスパイカーの最高到達点をめがけてトスを上げることがポイントです。

1 スパイカーはセッターがトスを上げる前から助走を開始します

2 セッターがトスを送り出した時には踏み切ります

KANAの役に立つアドバイス

慣れるまでは、
助走の距離を短くして
タイミングを
合わせていこう!

セッターはスパイカーの動きに合わせる

セッターはスパイカーに合わせてトスを上げましょう。トスのスピードを意識し過ぎて、トスが低くならないように注意します。スパイカーは空中でトスの軌道を確認しながら、高いところでボールをとらえましょう。

3 パワーのあるスパイクが打てるように
しっかりバックスイング

4 トスの軌道を確認して
高いところでボールをとらえましょう

移動攻撃は片足で踏み切る

センターからライト側に走り込む移動攻撃は、片足で踏み切ってスパイクを打ちます。最大のポイントは、身体が流れないようにすること。左足で踏み切ったら、右ヒジ、右ヒザをしっかり上げて高くジャンプし、高い打点を維持します。

横幅を使う移動攻撃は「ワイド攻撃」と呼ばれ、セッターのすぐ後ろからアンテナ近くまで距離はさまざま。スピードを殺さないようにスムーズに打てるようになりましょう。

1 セッターがセットアップする前にスパイカーは助走を開始

2 ボールの行方を追いながら、スピードを殺さないように助走します

KANAの役に立つアドバイス

最初は、上手な人の
後ろについて助走して、
マネして打ってみよう!

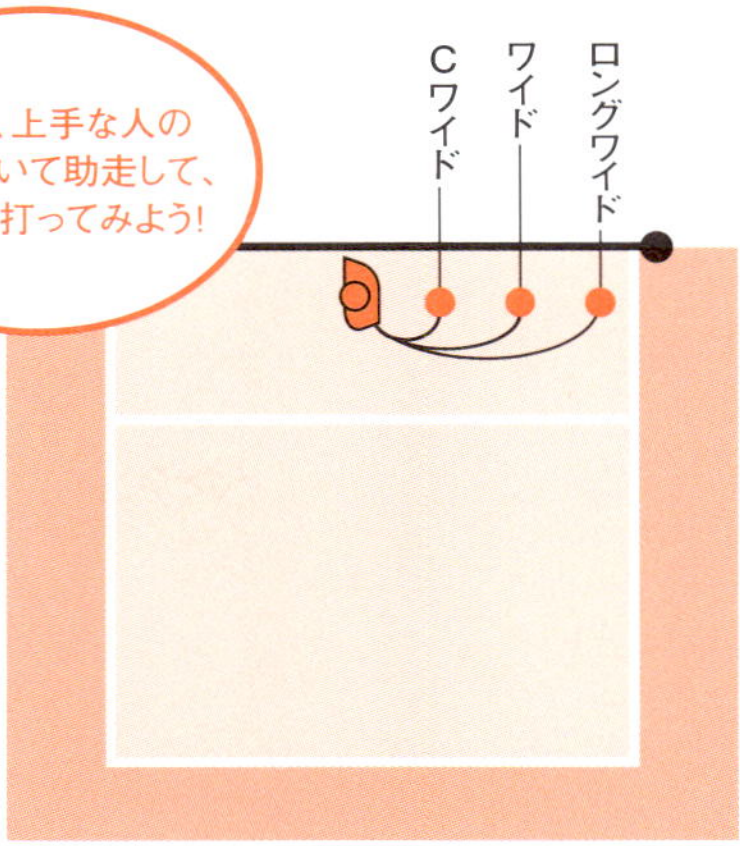

先に助走を開始してトスを待つ

ワイド攻撃の種類は、セッターのすぐ後ろで打つCワイド、少し離れたワイド、アンテナ近くまで走り込むロングワイドがあります。ワイド攻撃は、移動のスピードが大切。先に助走を開始してトスを待つようにして高い打点から打ちましょう。

3 セッターの背後にきたら左足で踏み切ります

4 右ヒジ、右ヒザを上げて、身体を引き上げるようにジャンプします

時間差攻撃を仕かける

クイック攻撃を打つと見せかけて、その直後にサイドアタッカーがレフト、ライトやバックから走り込んでスパイクを打つ攻撃を時間差攻撃と言います。

アタッカーの動きに合わせてブロックを跳んでくるチームには有効です。とくにクイック攻撃が決まった後は、相手ブロッカーがクイックを警戒してくるため、ブロックを翻《ほん》弄《ろう》させることができます。

逆にトスの動きに合わせてブロックを跳ぶチームに対しては、さほど効果的ではないので注意しましょう。

1
セッターがトスアップした段階でセンターはジャンプ。サイドスパイカーは助走を開始

2
センターはオトリとしてジャンプ、サイドスパイカーはトスに合わせて踏み込みます

オトリに入る選手は、
本気でスパイクを
打つつもりで
助走に入ろう！

KANAの役に立つアドバイス

声をかけ合って助走に入る

時間差攻撃を成功させるには、先にクイックを決めておくことが大切。また、オトリの選手は、スパイクを打つつもりで全速力で助走に入ります。ラリー中の場合、スパイカー同士が声をかけ合って助走に入ると、ぶつかることなく攻撃できます。

3 ボールの軌道をよく見て踏み切ります

4 センターの背後から思いきりスパイクを打ちましょう

シンクロ攻撃を仕かける

シンクロ攻撃とは、相手ブロックの数（3枚）よりも多い人数（前衛3人＋バックアタックを打つ後衛1人）が一斉にファーストテンポ（スパイカーが先に助走動作を行い、それにトスを合わせる）で攻撃する戦術です。

ギリギリまでどこにトスが上がるかわからないため、相手ブロッカーが的を絞る前に攻撃できるのがメリットです。4人のスパイカーが同じタイミングで助走に入るのが前提になります。

2

1 レシーバーからパスが出たら助走をスタート

2 セッターがトスアップする前にバックスイング体勢に入ります

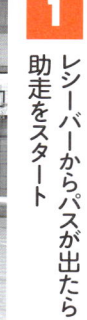

KANAの役に立つアドバイス

1本目のボールを
ゆっくり高く上げて、
助走に
余裕をもとう！

直上トスが上がる前に助走して打てるように

スパイカーは、自分が打つつもりで全速力で助走することが大切です。ファーストテンポの攻撃を身につけるには、助走に入ってからセッターに直上にトスを上げてもらい、しっかり打てる練習を繰り返しましょう。

1

3

セッターのトスアップと同時にスパイカーは踏み切ります

4

トスが上がってきたスパイカーは空中でボールをよく見て打ちます

Column 5

Kana's Memory

左目でボールを見ながら打つ！

東レアローズに所属していた時代、ある時期スランプに陥っていました。思ったコースにスパイクが打てない。打っても決まらない。負の連鎖でした。そんな時、コーチから「左目でボールを見て打て」とアドバイスをもらいました。それまでの私は、攻撃を決めようという気持ちばかりが先走って、左肩が下がり、結果的に身体の軸がぶれたまま打っていたのです。軸がぶれているので、着地も片足になっていて、かえって腰にも負担がかかっていました。

「左目でボールを見る」ようになると身体の軸がまっすぐになり、相手コートが見渡せるようになりました。力任せでクロスに打っていたのが、左目で見ることでストレートの狭いコースをピンポイントで狙えるようになったのです。

やっと自分のスパイクが戻ったと思えたのは、忘れもしない、05年の東京体育館でのV・プレミアリーグの試合、パイオニア戦。本来の感覚を取り戻して、勝利できました。

東レ時代。
チームメイトの
荒木絵里香とタッチを交わす

第６章

Toss

トス

トスの基本

トスは、味方がレシーブしたボールをスパイカーにつなぐ大事なプレー。トスを上げるセッターは、ボールの落下地点にすばやく移動し、正確にトスを送り出すハンドリングが求められます。

　身体の右側を軸にして立ち、ボールを送る方向につま先を向けます。手首を使って頭の真上でやわらかくボールを送り出しましょう。

　レシーブしたボールがどこから上がってきてもいいように、セッターは広い視野と瞬時に判断する力が必要です。

1 ボールの落下地点を確認

2 ボールが落ちてくる前に両手を準備しておきます

KANAの役に立つアドバイス

ボールを
とらえる前に
万全の体勢で
準備できるか
がポイント!

重いボールでしっかりとらえる

しっかりボールをとらえられるように、ハンドリングの練習として、バスケットボールなど重いボールでオーバーハンドパスの練習を取り入れましょう。一度、ボールを弾ませてから、しっかりボールの下に入ることが大切です。

4 下半身、ヒジ、手首の力を使って
ボールを送り出しましょう

3 ボールを見ながら
全身を使ってボールをとらえます

ボールに早く反応する方法

いいトスを上げるには、ボールの落下地点にすばやく移動することが大切。セッターは移動する時にレシーブを受ける選手の腕の面を確認し、面の方向、角度からボールの落下地点を予測します。

後衛から走り込んでくる時は、ボールがくる方向をしっかり確認すること。先に動かないように注意しましょう。

上達のコツ①

ややライト側の立ち位置

ややレフト側の立ち位置

左側で構えて攻撃してみよう

セッターはややライト側で構えるのが一般的ですが、ライトにエースがいる場合やセッターがスパイクを打てる場合は、ややレフト側で構えてもいいでしょう。

レシーバーはセッターに腕の面を見せるようにしてボールをとらえましょう

セッターはレシーバーの腕の面の方向、角度を確認しながら移動します

Lesson 1 左目に眼帯をしてトスを上げよう

左目に眼帯をして右目だけでボールを見てトスを上げる練習です。慣れるまでは違和感がありますが、身体の右側を意識することで軸が作れるようになります。最初は、簡単な動きから始めてみましょう。

Lesson 2 ジャンケンパスで視野を広げよう

トスを上げる時に視野を広げる練習です。対人パスの時にグー、チョキ、パーの合図を出してもらい、その合図を読み取りながらオーバーハンドパスができるようになりましょう。ボールだけではなく、周りをしっかり見てパスすることが大切です。

バックトスの基本

バックトスとは、セッターの背後に上げるトスのこと。ボールの下にすばやく入り、頭上でボールをとらえたら、上体を反らし、おヘソを前に突き出すようにして後ろにボールを送り出します。

セッターは、スパイカーの姿が視野に入らないので、正確なバックトスを上げるには、練習を重ねることが大切。トスの距離やスピードの感覚を身体で覚えます。

身体が流れないように安定したトスを上げられるように練習しましょう。

1 ボールの落下地点に入ります

2 足首とヒザを曲げて
ボールをとらえる準備

KANAの役に立つアドバイス

常に同じ姿勢でボールをとらえる

レシーバーから送られてくるボールに対して、常に同じ姿勢でボールの真下に入り、とらえることが大切です。トスを上げるギリギリまでフロントとバック、どちらに上げるかわからないようなトスが理想です。

4 おヘソを前に突き出すようにしてボールを送り出します

3 ヒジを曲げてボールを頭上でとらえ、力をためます

Toss

第６章

トス

バックトスのボールの運び方

基本フォームでボールをとらえたら、おヘソを前に出すような意識で上体を反らせてボールを送り出します。この時にも足を前後させておき、ネット側の足を軸にして身体を支えることがポイントです。

トスをした後は、ボールを上げた方向へすばやく身体を回転させてフォローに入ります。この一連の動きがスムーズにできるように練習しましょう。

ボールがブレないように腕はしっかり真後ろに伸ばしましょう

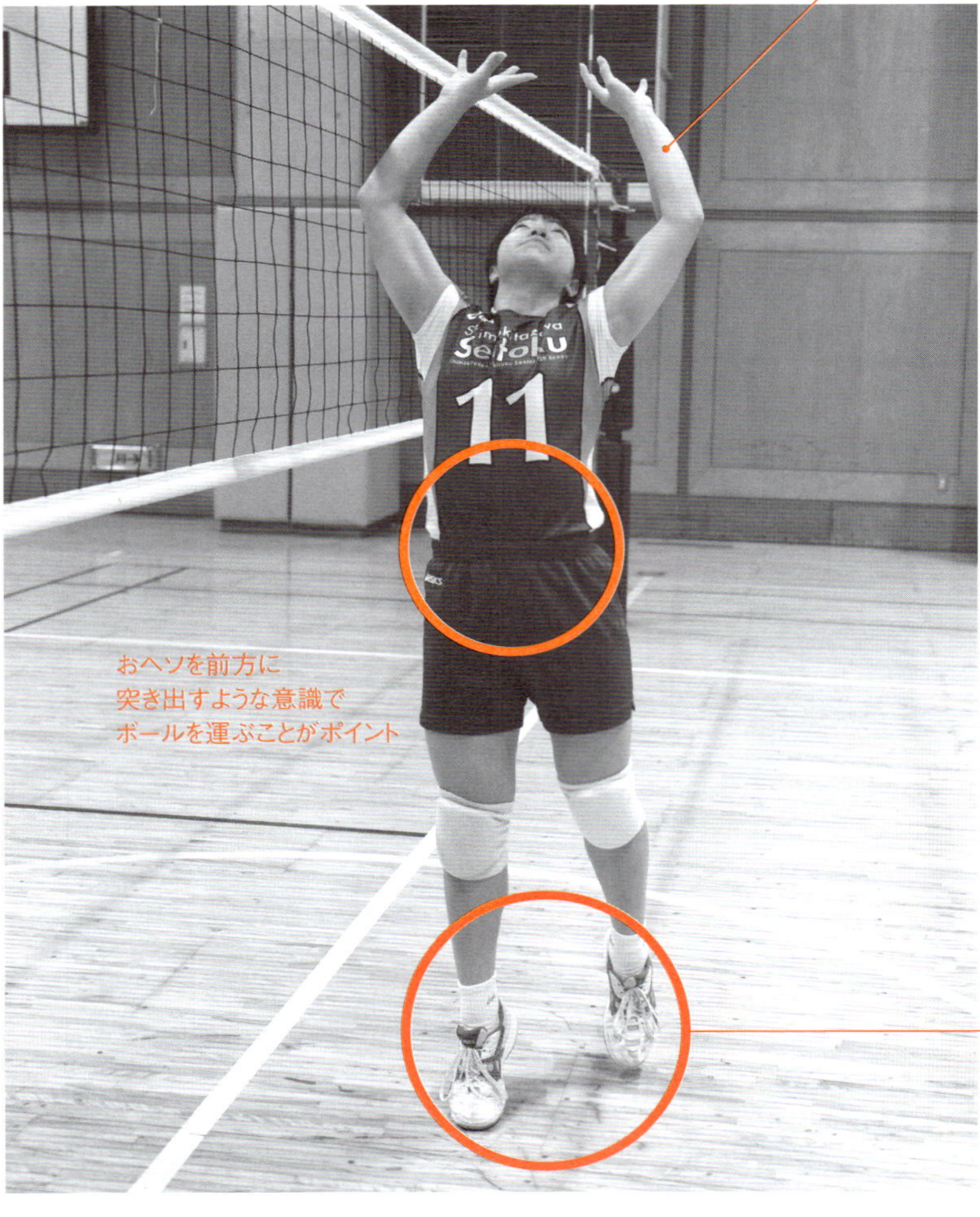
おヘソを前方に
突き出すような意識で
ボールを運ぶことがポイント

全身に力を入れられるように、足を前後させて構えましょう

Lesson 1
仰向けで上半身の動作を身につけよう

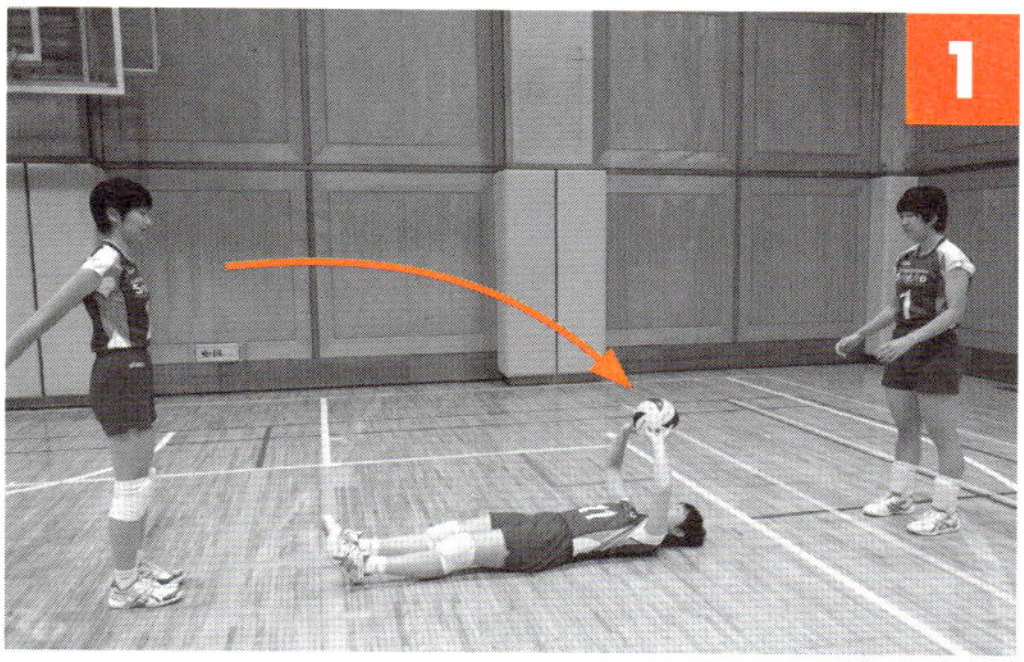

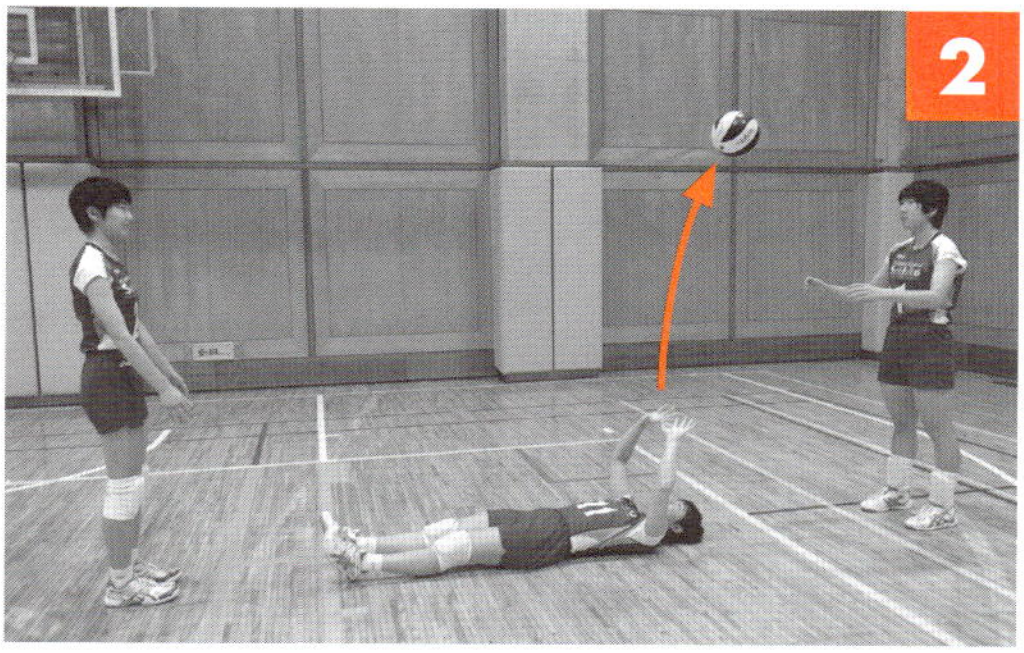

仰向けになり、足の方からボールを投げてもらって頭部側にいる人にパスする練習です。おヘソを前に出すようにして、上半身の伸びを意識してボールを送り出します。ボールがブレないようにまっすぐ腕を伸ばしましょう。

Lesson 2
トスを上げた後、回転してバックパスを上げよう

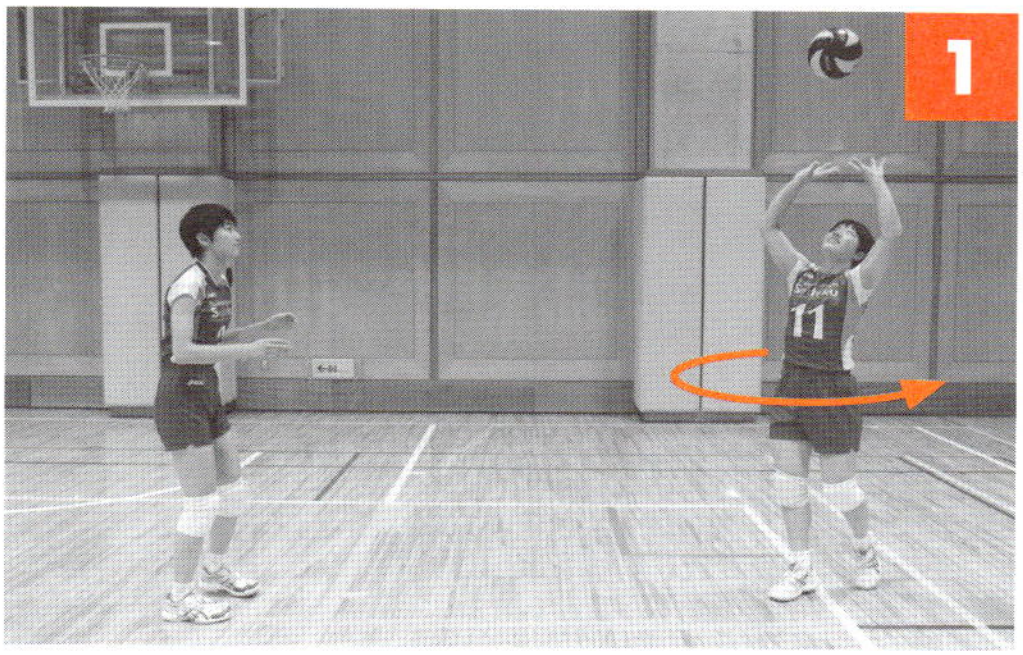

対人パスの練習の時にバックパスを取り入れましょう。一度直上トスを上げた後、身体を 180 度回転させて後ろを向き、バックトスを行います。最初は連続で続けられるように行い、慣れてきたら本数を設定してボールを落とさないように心がけましょう。

Toss

第6章

トス

ジャンプトスの基本

ジャンプして空中の高いところでボールをとらえて送り出すトスのことをジャンプトスと言います。トスの距離を短縮できるため、クイック攻撃の時やネットを越えそうな高い位置に上がってきたボールを処理する時に適しています。

身体がブレた状態でジャンプするとボールをとらえる位置が低くなってしまうので、身体が流れないようにしっかり止まってから真上にジャンプします。腕が下がらないようにボールをとらえて、そこから前後へトスします。

フロント

1 ジャンプして
飛びつくようにボールをとらえます

2 最高到達点でボールを離し
全身を伸ばして送り出します

KANAの役に立つアドバイス

タイミングをずらしてブロックを翻弄《ほんろう》

ジャンプトスには3つのタイミングがあります。①上昇しながら上げる、②最高到達点で上げる、③ジャンプが下降しはじめてから上げる。この3つを習得すれば相手ブロックのタイミングをずらすことができます。

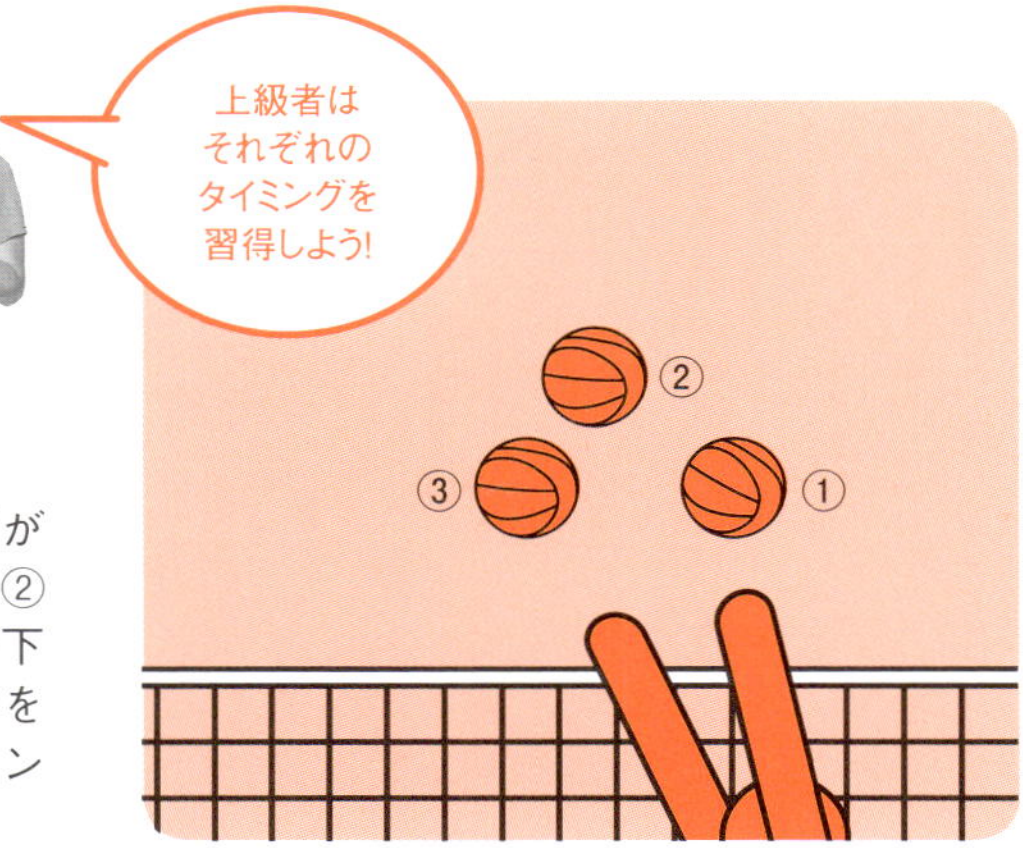
上級者は
それぞれの
タイミングを
習得しよう!
②
③
①

バック

1 頭上でしっかりボールをとらえ
ヒジを曲げて力をためます

2 全身を伸ばすようにして
後ろにボールを送り出しましょう

ジャンプトスのボールのとらえ方

タイミングよくボールを送り出すコツは、ボールをとらえて離した瞬間、ヒジをしっかり伸ばし、手首を外側に返すように上げること。

ジャンプした勢いを利用して、身体のバネを使ってボールを押し出せば、両サイドへの送り出しも可能です。ボールに飛びつくように上げましょう。

アゴが上がってしまうとお腹に力が入りません。ボールをとらえる時は、アゴを引きましょう

おヘソを前方に出す意識でボールを送り出すと、全身の力がボールに伝わります

テクニックが身につく練習法

Lesson 1 対人ジャンプパスで基本を身につけよう

対人パスの練習の時にジャンプトスの練習も取り入れましょう。最初は連続10本からはじめ、徐々に20本、30本、50本と増やしていきます。正しい位置にトスを上げて、連続してパスが続けられるようにしましょう。

Lesson 2 カベに向かって連続ジャンプトス

カベに向かってボールを当て、5人連続でジャンプトスを行います。トスの力や方向が安定していないと、次の人はトスできません。最初は選手全員1周からはじめ、慣れてきたら2周、3周と続けましょう。

二段トスの上げ方と打ち方

二段トス（ハイセット）は、レシーブボールが乱れネットから離れた位置から上げるトスのこと。セッター以外の人が上げることも多く、両サイドに向かって高く上げます。

基本はオーバーハンドパスと同じですが、全身のバネを利用して、ボールをおヘソから送り出す意識が大切です。アンダーハンドで上げる場合も決して腕を振ってボールを運ぶのではなく、全身を使ってていねいに上げることを心がけてください。

上達のコツ②

二段トスはオーバーで上げる

二段トスは、できるだけオーバーハンドで上げることを心がけてください（リベロがアタックラインより前で上げる以外）。オーバーハンドのほうが、レフトにもライトにもトスを上げられること、アタッカーが攻撃しやすいという利点があります。

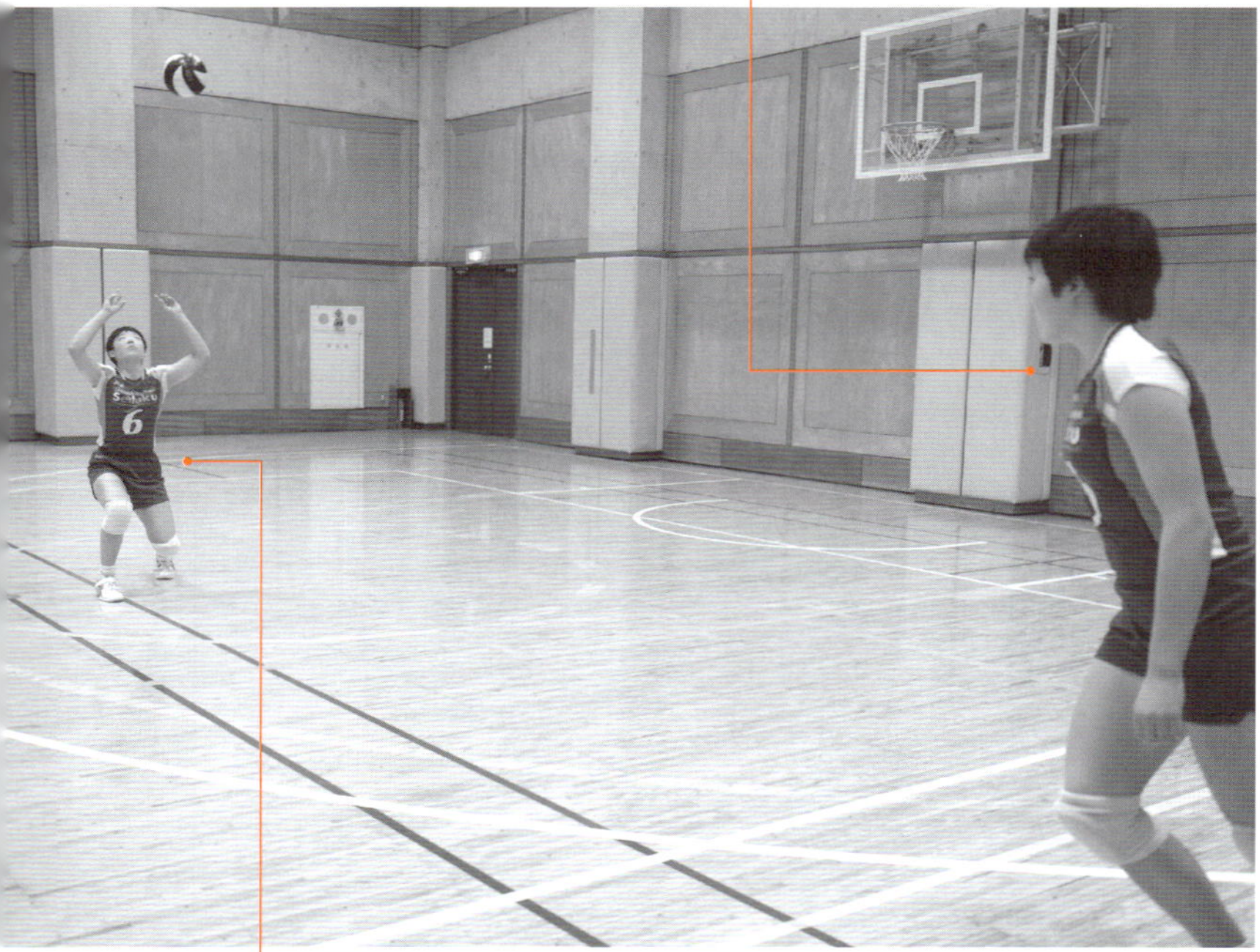

アタッカーは、二段トスを上げる人に向かってトスを呼びます。トスが上がってから助走に入ります

アタッカーの位置を確認して方向を定めて、早く準備することが大切。ゆとりを持って全身を使ってトスを上げましょう

Lesson 1
アタッカーはボールから目を離さない

1

2

二段トスを打つアタッカーは、身体をボールに向けて構え、声を出してトスを呼ぶことが大切。上がってくるボールから目を離さないように助走しましょう。ネットより高く上がったボールは、しっかり助走に入り強気で打ちます。

Lesson 2
深く沈みこむようにトスを上げよう

二段トスをより遠く、高く上げるためには、ヒザを深く曲げて足首、ヒザ、股関節の伸展を利用して上げます。レシーブが乱れた時は、セッター以外の人が上げることも多いので、全員が日頃からトスの練習をしておきましょう。

1

2

Column 6

Kana's Memory

アタッカー、セッターの気持ちを知ろう

実は、これまでのバレーボール人生の中で、一度だけセッターをやったことがあります。それは、私が小学6年生の頃、ある高校の練習に参加させてもらった時に、初めてセッターの練習をしたのです。ちゃんと高校生の先輩たちにいいトスを上げられるのか、とても心配でしたが、実際にやってみると、こんなにおもしろいものはない！と感じたのを覚えています。

私は小学生の頃からエーススパイカーでしたから、どんなトスが上がるとアタッカーは攻撃しやすいのか、という感覚をわかっています。だから、高校生の先輩に気持ちよく打ってもらうようなトスを心がけてボールを上げました。それを、先輩たちが決めてくれた時の嬉しさ！今まで知らなかった喜びでした。

セッターの経験やトスの練習は、私にとってとても勉強になりました。皆さんもポジションを決めつけず、いろいろな練習をしてオールラウンドにプレーできるようになってください。

ワールドカップ2007。
得点を決めて
仲間と喜びを分かち合う

第7章

Block

ブロック

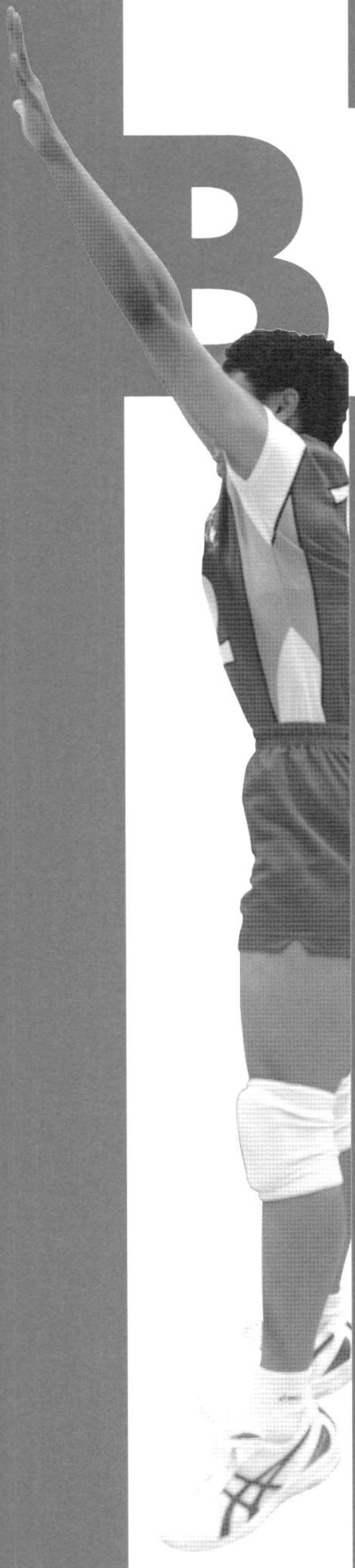

ブロックの基本フォーム

ブロックは、最前線のディフェンスです。相手の攻撃に対してカベを作り、スパイクを止め、コースを限定させる重要なプレーです。

手を胸の前で構えて移動し、肩甲骨、みぞおちを引き上げるようにして、腕を伸ばして身体全体を引き上げるようにジャンプしましょう。

上達のコツ①

ネットに近すぎないところでジャンプ

ジャンプする位置がネットに近すぎると、視野が狭くなり、手を前に出せなくなってしまうので注意。少し離れたところから、ジャンプすることを心がけましょう。

構える時は、手は胸の前に置きます

いつでも動けるように
ヒザは軽く曲げます

ジャンプする前から
手を出す準備することが大切

ジャンプする時は、太ももとお尻に力を入れてスクワットの体勢をとります

Lesson 1
カベを押して基本姿勢を身につけよう

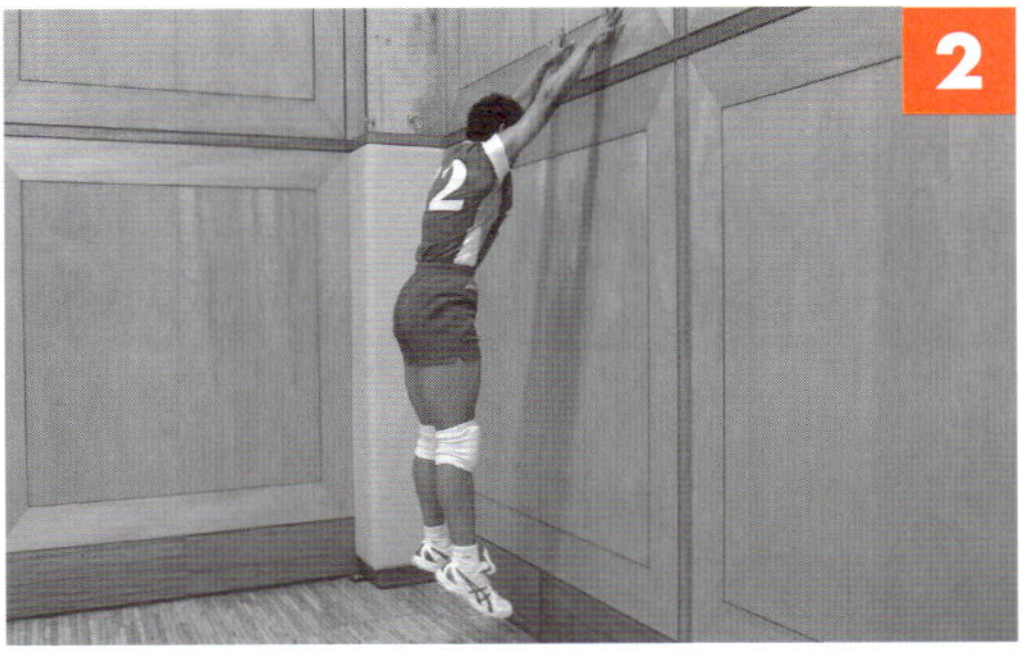

ブロックジャンプの練習です。カベに向かってブロックの基本姿勢をとり、ジャンプしてカベを両手で押します。ジャンプする時にはカカトをつけた状態から太ももの裏側、お尻の筋肉を使ってまっすぐ跳ぶことが大切です。

Lesson 2
ネットを見て視線を上下させない

ブロックの移動で大切なことは目線を上下させないこと。ネットの前に立った時に、自分の目線の高さにあるネットの横糸を見ながらステップ練習をしましょう。常に一定の高さで移動することがムダなくすばやく動けるブロックのポイントになります。

ブロックの手の出し方

手の出し方は、両腕を上げて腕でネットの表面を撫でるようにジャンプし、腕を白帯の向こう側にしっかりと突き出すように伸ばします。

この時、手先だけに集中するのではなく、肩甲骨から腕を伸ばす意識をもつと、身体がぶれずにしっかりとしたカベを作ることができます。

上達のコツ②

片手で止めるつもりで力を入れる

ブロックは両手を上げますが、実際はどちらかの手にボールが当たることで成功します。両手のひらに力を入れてやや内側に向け、片手でボールを止めるつもりで腕を出すのがコツです。

ヒジをしっかり上げてボールに反応できるようにします

肩甲骨を意識して、手をネットよりも前に出しましょう

着地する時は両足で。ジャンプする前と同じフォームになっているのが理想

テクニックが身につく練習法

Lesson 1 ボールを持って手を前に出そう

ボールを持ってジャンプし、白帯の上からボールを相手コート側に落とす練習をします。腕がしっかりとネット白帯の向こう側に出ていないとボールを落とすことができません。何度も練習して手の出し方をマスターしましょう。

Lesson 2 肩甲骨の柔軟性を高めてスムーズに腕を出そう

肩甲骨の柔軟性を高めると、ブロック時にスムーズに肩甲骨から腕を伸ばすことができます。四つんばいになり、肩甲骨を寄せます（写真1）。次に背中を丸めるようにして肩甲骨を開いてください（写真2）。練習の前後に取り入れましょう。

短い距離を移動するサイドステップ

ブロックの移動には「サイドステップ」「クロスステップ」がありますが、相手の攻撃に対する移動の距離によって使い分けます。

短い距離に使うのがサイドステップです。ネットに対して身体を正対させ、目線を一定にして移動する方向の足を1歩目に出します。

腰から動く意識でステップを踏むと、ブレずにジャンプできます。

上達のコツ③

手からではなくおヘソから動く

相手のセッターやボールの行方に気をとられると、どうしても手から動いてしまいがち。ボールを見ながら、目線を上下させずにおヘソから動く意識でしっかりステップしましょう。

1 アタッカーとボールの動きを確認

2 移動方向の足を出しサイドステップを開始します

3

足幅を広げた状態でも
目線は一定

4

目線を一定にした状態で
ジャンプの準備

5

もう片方の足を引き寄せて
ヒザを曲げてジャンプします

長い距離を移動するクロスステップ

移動距離が長い時に使うのがクロスステップです。1歩目は移動したい方向の足を出し、次に反対の足をクロスさせて移動し、ネットに身体を正対させた後ジャンプします。

腰からぶつかるようなイメージで移動して声を合わせて踏み込み、2枚そろって跳びます。隣のブロッカーと間を空けないように心がけてください。

上達のコツ④

呼吸を合わせてブロックに跳ぶ

複数でブロックに跳ぶ時は、ブロッカー同士で踏み込みの状態から動きをそろえて跳ぶことが大切。身体が流れないようにして、呼吸を合わせてブロックに跳びましょう。

1 アタッカーとボールの動きを見ながら、移動を開始

2 足をクロスさせてサイドブロッカーに近づきます

3

つま先を正面に向けるようにして踏み込みの準備

4

サイドブロッカーに腰からぶつかるように間を詰めて、息を合わせます

5

2人そろって同時にジャンプしましょう

クロスステップの足の運び方

相手のアタッカーにプレッシャーを与えるには、すばやく移動して万全の状態でブロックすることがポイントです。

最初の1歩目はカカトを軸にして移動方向につま先を向けると、スムーズなフットワークが可能。踏み込む時は、両足のつま先をネット正面に向けるとまっすぐ上にジャンプすることができます。

上達のコツ⑤

移動したい方向に つま先を向ける

どんな状況でも力を伝えたい方向につま先を向けることが大切です。移動方向につま先が向いていないと、力が伝わるのが遅くなり、時間をロスしてしまいます。

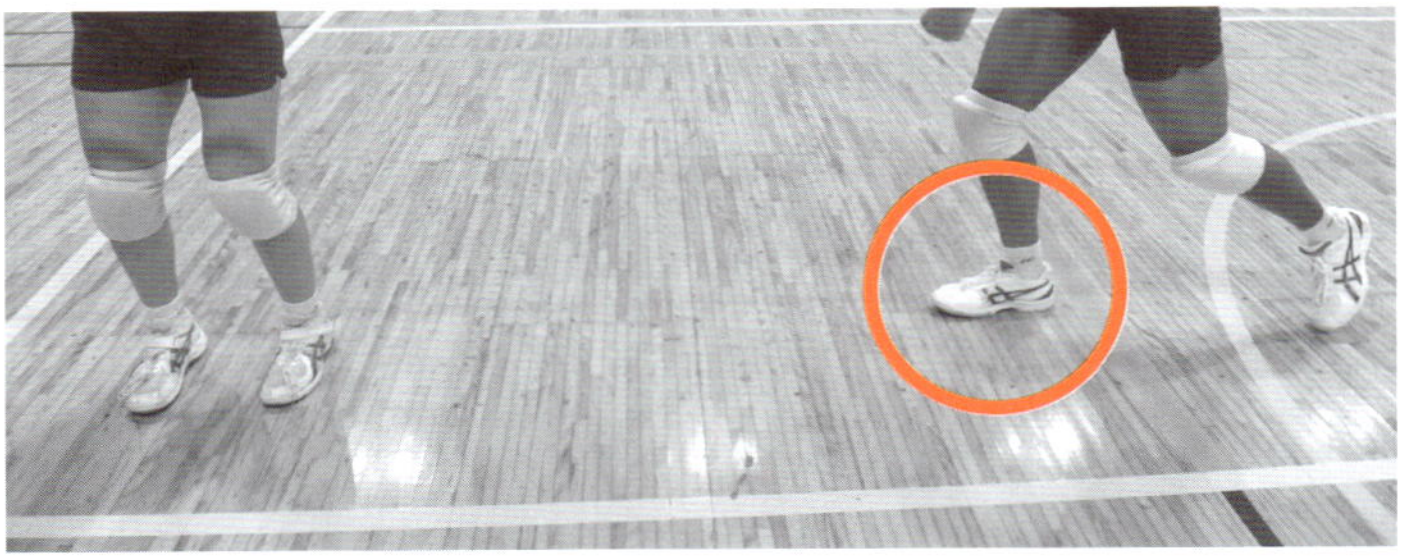

1 移動方向に つま先をしっかり 向けましょう

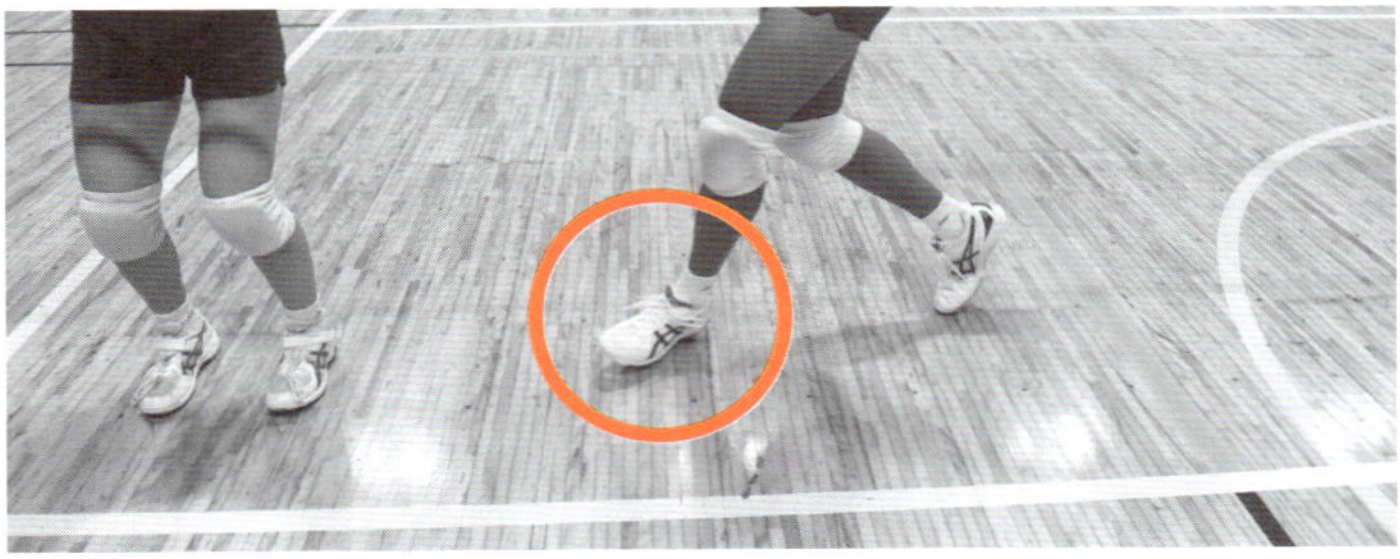

2 カカトを軸にして クロスした足で 踏み込みの準備

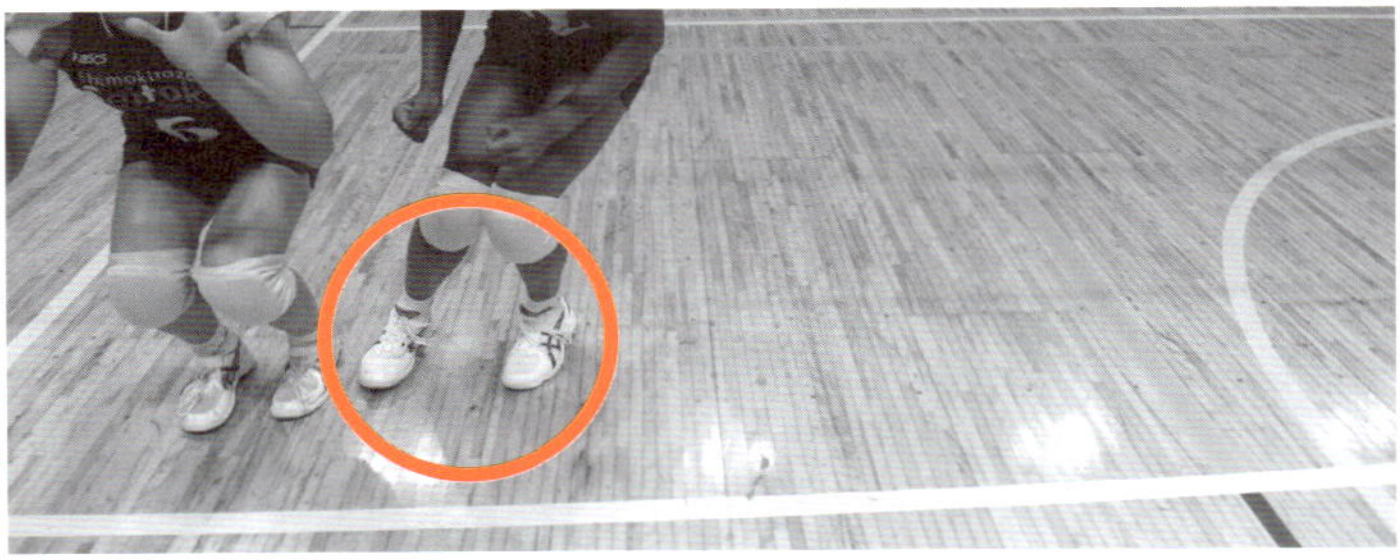

3 両足のつま先を 正面に向けて 間を詰めます

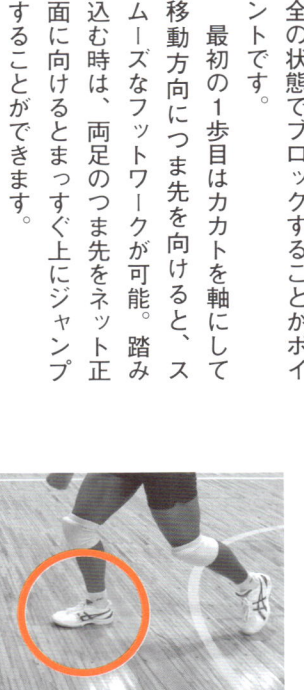

テクニックが
身につく
練習法

Lesson 1
2枚ブロックは ネットに正対することを 心がけよう

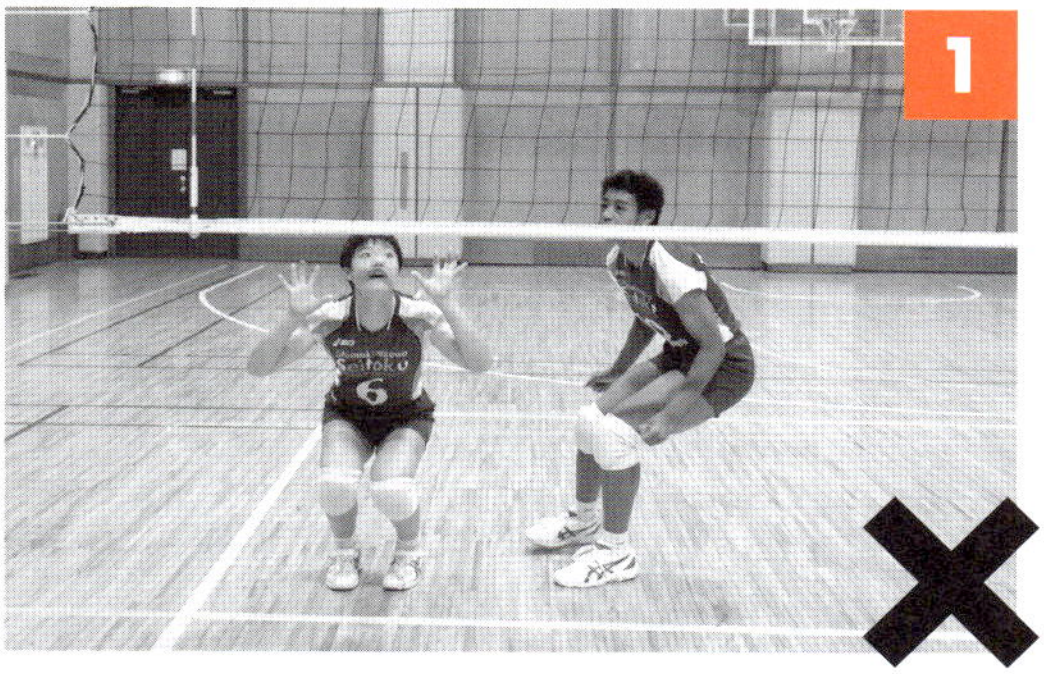

踏み込む時につま先が正面を向いていないと、腰が開いてしまい、2人の間にスペースができてしまいます。2枚ブロックの練習は、つま先を正面に向け、必ず身体をネットに正対した状態でジャンプすることを心がけましょう。

Lesson 2
スパイクの勢いを 和らげる ソフトブロック

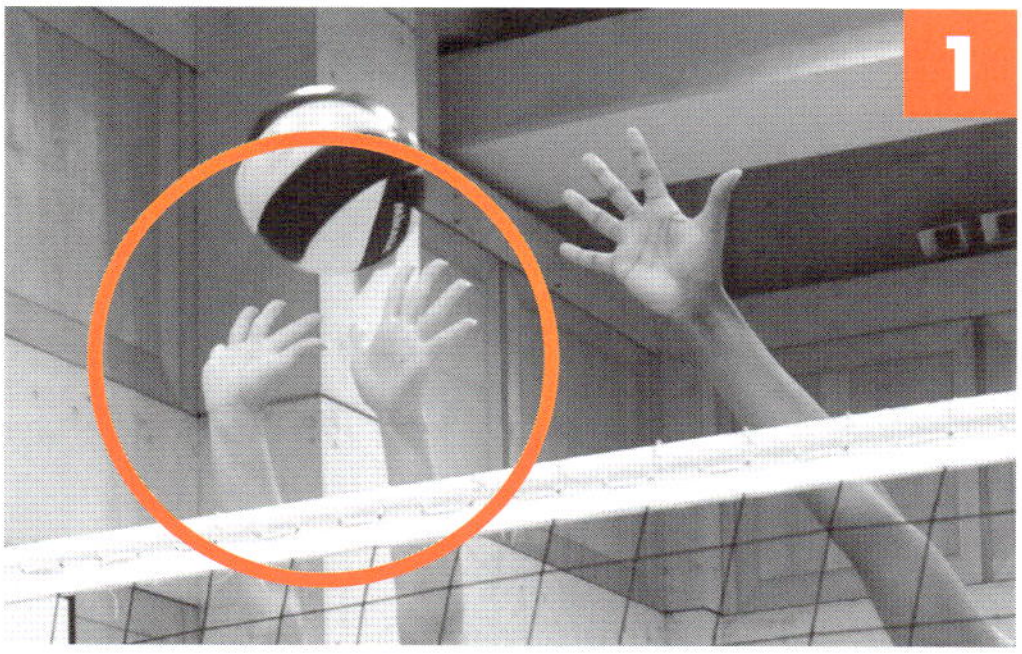

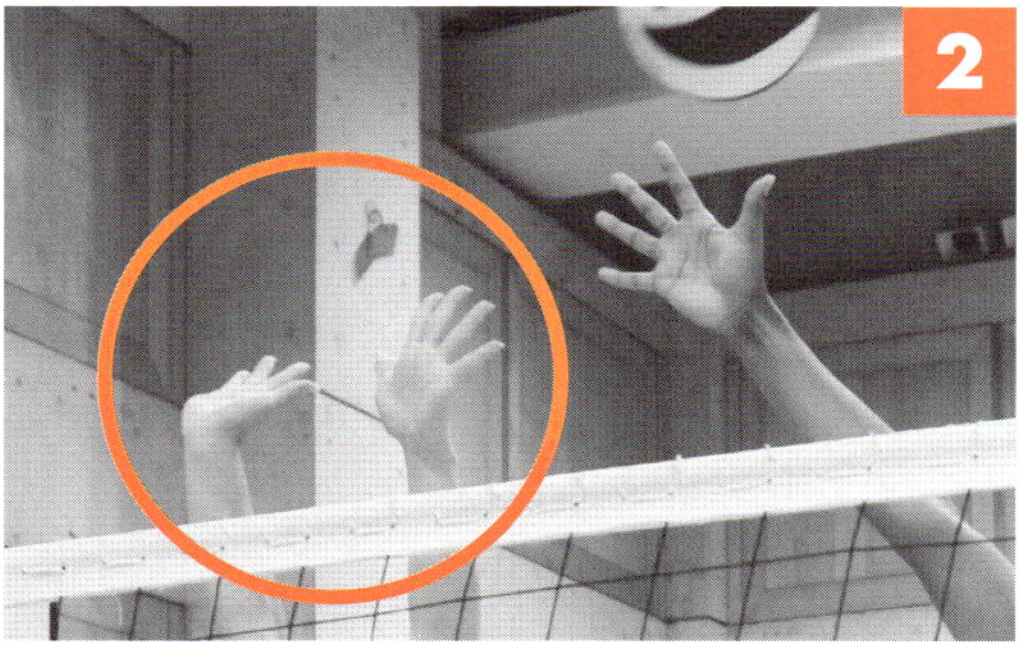

身長の低い選手やブロックに間に合わないような場合は、両手のひらを上に向けてボールを当てるソフトブロックを使います。ボールの勢いを和らげることで、レシーバーへのチャンスボールに変えることができます。手のひらを上に向けるのが、ポイントです。

ブロックフォーメーション①

相手チームの攻撃に合わせて、ブロックの配置を決めることは重要です。スプレッドは、「広げる」という意味で、両サイドのブロッカーがサイドライン近くまで広がり、相手のサイドアタッカーの攻撃に対応するシステムです。

バンチとは「束ねる」という意味で、コートのセンター寄りに3人のブロッカーが集まり、すべての攻撃に対して2枚もしくは3枚ついて、相手にプレッシャーを与えるブロックの戦術です。センター攻撃やバックアタックの多いチームに対して効果的です。相手の攻撃によって使い分けましょう。

スプレッド | 相手チームがどこから攻撃を仕かけてきてもいいように均等幅で配置

KANAの役に立つアドバイス

スイングブロックで すばやく移動する

相手にプレッシャーをかけるためには、すばやく移動することが重要。移動距離が遠い時は、スパイクのバックスイングのように腕（またはヒジ）を後ろに振り上げるスイングブロックを活用しましょう。腕を振り上げる時にしっかり踏み込むことで、高くジャンプすることができます。

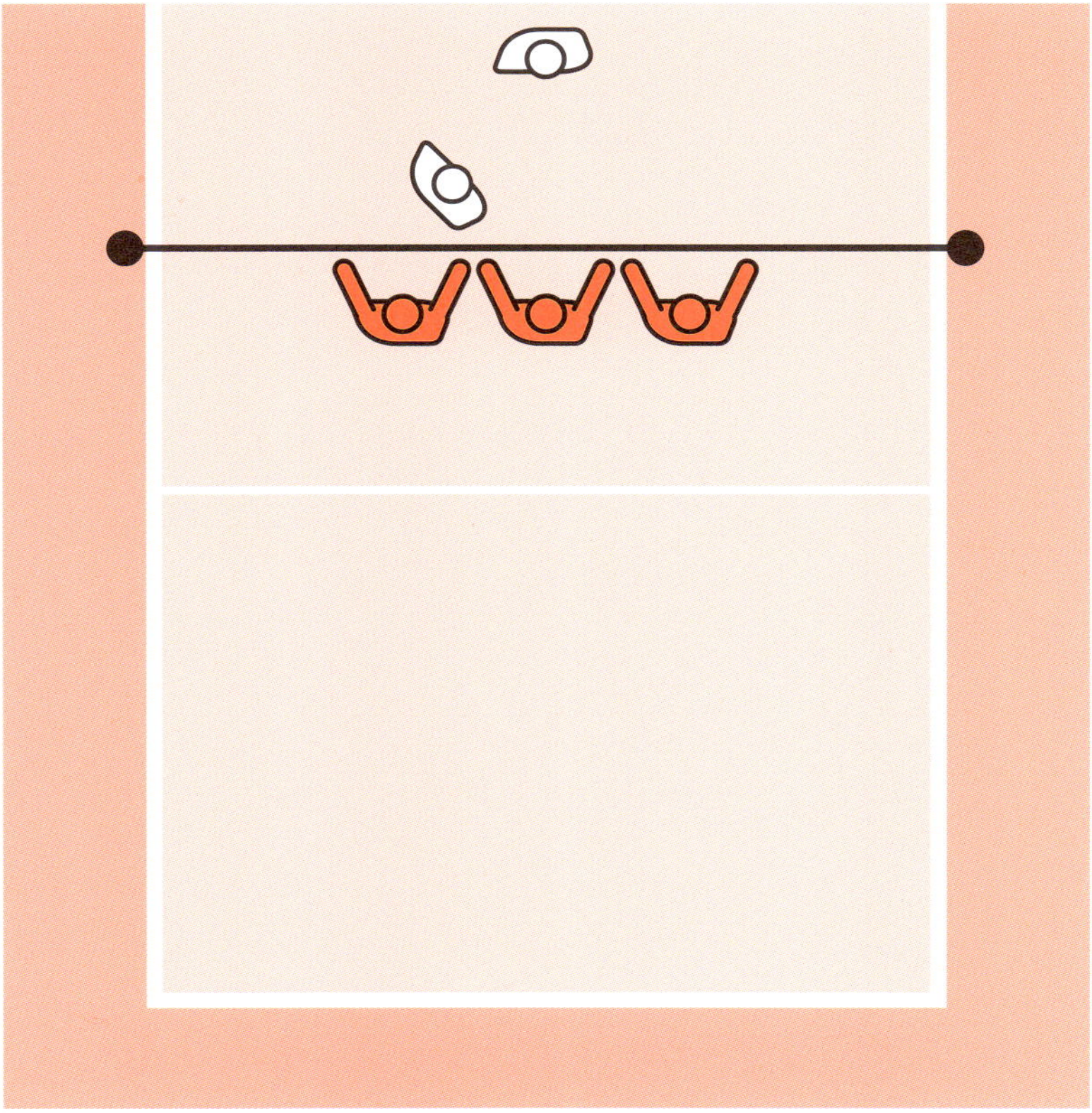

バンチ

すべての攻撃に対して束になってブロックにつき、プレッシャーをかけます

ブロックフォーメーション②

デディケートは「専念する」という意味で、コートの左右どちらかに3人が集まるシステムです。相手チームのエースの打数が多い時や、相手セッターが前衛でレフトとセンターにアタッカーがいる時などに有効です。

　リリースは「解放する」という意味で、バンチの状態から1人だけ、サイドに寄っている配置が特徴です。これも相手チームのどちらかサイドにエースがいるような場合に対応します。平行トスなどのサイドの速い攻撃にも有効です。

デディケート

サイドの攻撃が多い場合は、どちらかのサイドにシフトし配置

KANAの役に立つアドバイス

**相手の攻撃の種類によって
ブロックの跳び方を変える**

ブロックの跳び方の種類には、「コミット」と「リード」があります。「コミット」はアタッカーの動きに反応して跳びます。「リード」はセッターがトスを上げる方向に反応しタイミングを合わせて跳びます。相手の攻撃に対してどちらでも対応できるように練習しましょう。

リリース | 相手チームのエースを抑えたい時は、１人がサイドに寄りマークします

ブロックフォローの入り方

ブロックフォローとは、味方の攻撃がブロックされた時に、跳ね返ってくるボールを確実にレシーブするプレーのことです。

フォローに入る時は、ブロッカーの手の向きを見ておくと、ボールが飛んでくる方向が予測できます。

受けたボールはできるだけゆっくり高く上げ、トスにつなげましょう。

上達のコツ⑥

バランスのいい配置でフォローに入る

フォロー時のフォーメーションは、前方のボールはアタッカー自身と前衛の選手がフォロー。スパイクの威力がある場合は、後ろに跳ね返ることもあるので、後衛の選手は詰めすぎないように位置どりしましょう。

1 攻撃する時には腰を低く構えてフォローの準備。ブロッカーの手をよく見ること

2 低い姿勢でボールを拾いゆっくり高く上げます

テクニックが身につく練習法

Lesson 1
台上ブロックから跳ね返ったボールに反応しよう

ブロッカーが台の上に乗り、いろいろな角度からスパイクを当ててブロックフォローの練習をします。当たる角度、強度によってボールの跳ね返り方も変化するので、ブロッカーの手を見て瞬時に反応できるように練習しましょう。

Lesson 2
カベを使ったフェイントフォロー

体育館のカベを使い、2人1組となって1人がカベに向かってフェイントし、それをもう1人がレシーブしてフォローする練習です。打ち方の方向や強さによってボールがどう跳ね返るかを確認しながら交代で練習しましょう。

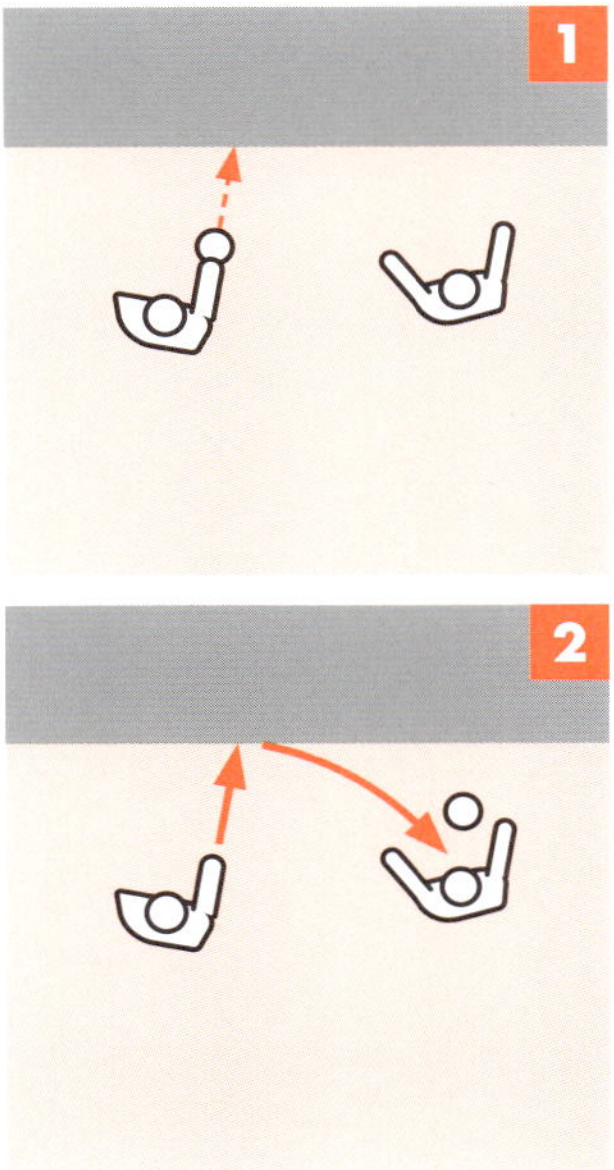

フェイントする人は1ヵ所だけではなくカベのいろいろなところに当てましょう

フォローする人はボールの動きを見て反応しましょう

カベを使ってフォローする練習

Column7
Kana's Memory

自分に合ったタイミングを見つけよう

身長が高いのに、私は昔からブロックが苦手でした。でも、それを払拭したのは、ひどい腰痛の時に、ワンポイントブロッカーとしてコートに立つようになってからです。ワンポイントブロッカーは、ブロックを止めるためにコートに入るのですから、苦手なんて言ってられません。けれども、センターやライトの選手が打つスピードのあるワイド攻撃に対するブロックは、本当に難しいものでした。

そんな時にいろいろ跳ぶタイミングを試していると、アタッカーが動き始めてから追いかけるようなタイミングでジャンプすると、シャットアウトできる確率が高いということがわかりました。

狙ったスパイカーをシャットした時の快感は、スパイクを決めた時とはまた別物です。移動攻撃を止められるようになってから、ブロックが得意だと思うようになりました。ひとつのきっかけで、プレーの幅が大きく変わります。皆さんもどんどんチャレンジしてください。

ケガから復帰後、ワンポイントブロッカーの経験を経てステップアップできた

第8章

Training

総合練習

2個のボールを使ってパス練習

全員で円陣を作り、2個のボールでランダムにパスを連続させる練習です。2個のボールの行方を見ながらパスを行うため、常に周囲を見渡す周辺視野力が養われます。

また、すぐに次のボールに対応する準備をする習慣も身につきます。誰がボールをとるのか意思表示することが、ボールをつなぐコツです。

最初は2個のボールを落とさずに10本連続して行い、徐々にレベルアップさせましょう。

円陣2個ボールパス

誰がボールをとるか、
意思表示することが、
ボールをつなぐコツ。
皆で声を出し合って
行いましょう

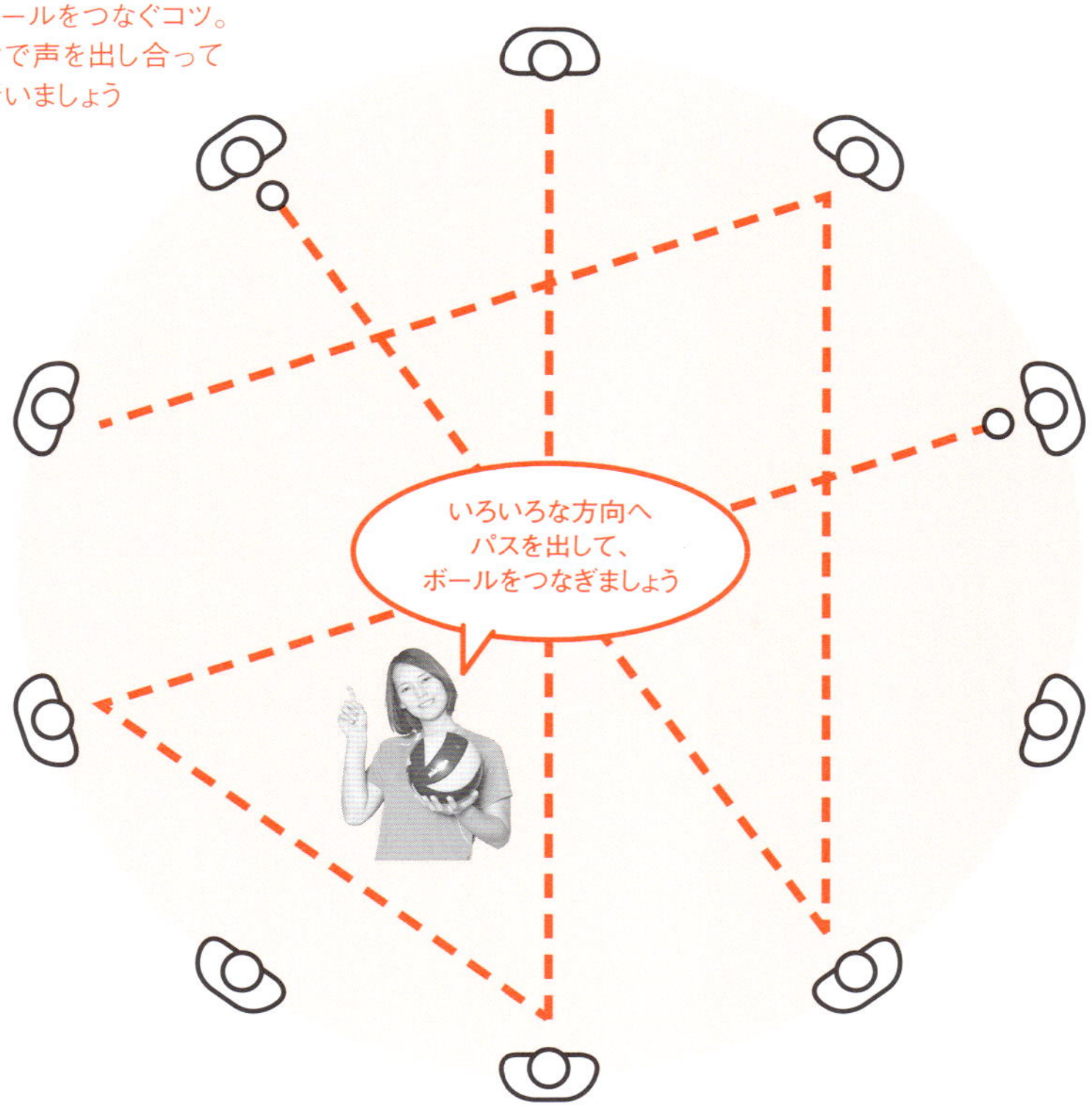
いろいろな方向へ
パスを出して、
ボールをつなぎましょう

ボールをさわっている人

ボールがきたらあわてずに、基本のフォームを
崩さないようにしてパスをしましょう

ボールをさわっていない人

ボールをさわっていない時こそ、
ボールから目を離さないようにしましょう

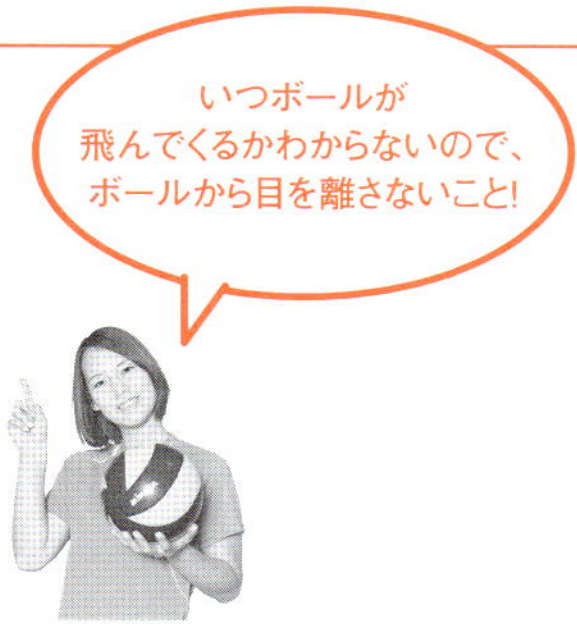
いつボールが
飛んでくるかわからないので、
ボールから目を離さないこと!

6対6の 2個ボールパス

6人ずつ（人数が少ない場合は4対4でも可）、ネットを挟んでコートに入ります。両サイドからボールを1個ずつ同時に相手コートに入れ、ボールにさわった人は1回のパスで相手コートに返しましょう。

前後左右の人との連携、声をかけ合うことなどが養われます。7点、10点制のゲームを行い、両チームで対戦しましょう。

1 双方からボールを1個ずつ同時に相手コートへ投げます

2 誰がボールをとるのか声をかけ合い前や間にボールを落とさないように注意

3個のボールで同時にパス練習

ボールを3個使用してパスする練習です。ネットを挟んで2人ずつ、4人がコートに入ってパスを行います。

どちらか1人はボールを常に持ち、相手コートからパスが返ってきたら、すぐにボールをチームメイトに渡してパスの体勢に入ります。

両チームがボールを落とさずにつなげられるように、点数をつけて対戦形式にします。相手コート、そしてチームメイト両方の動きを視野に入れておくことが大切です。

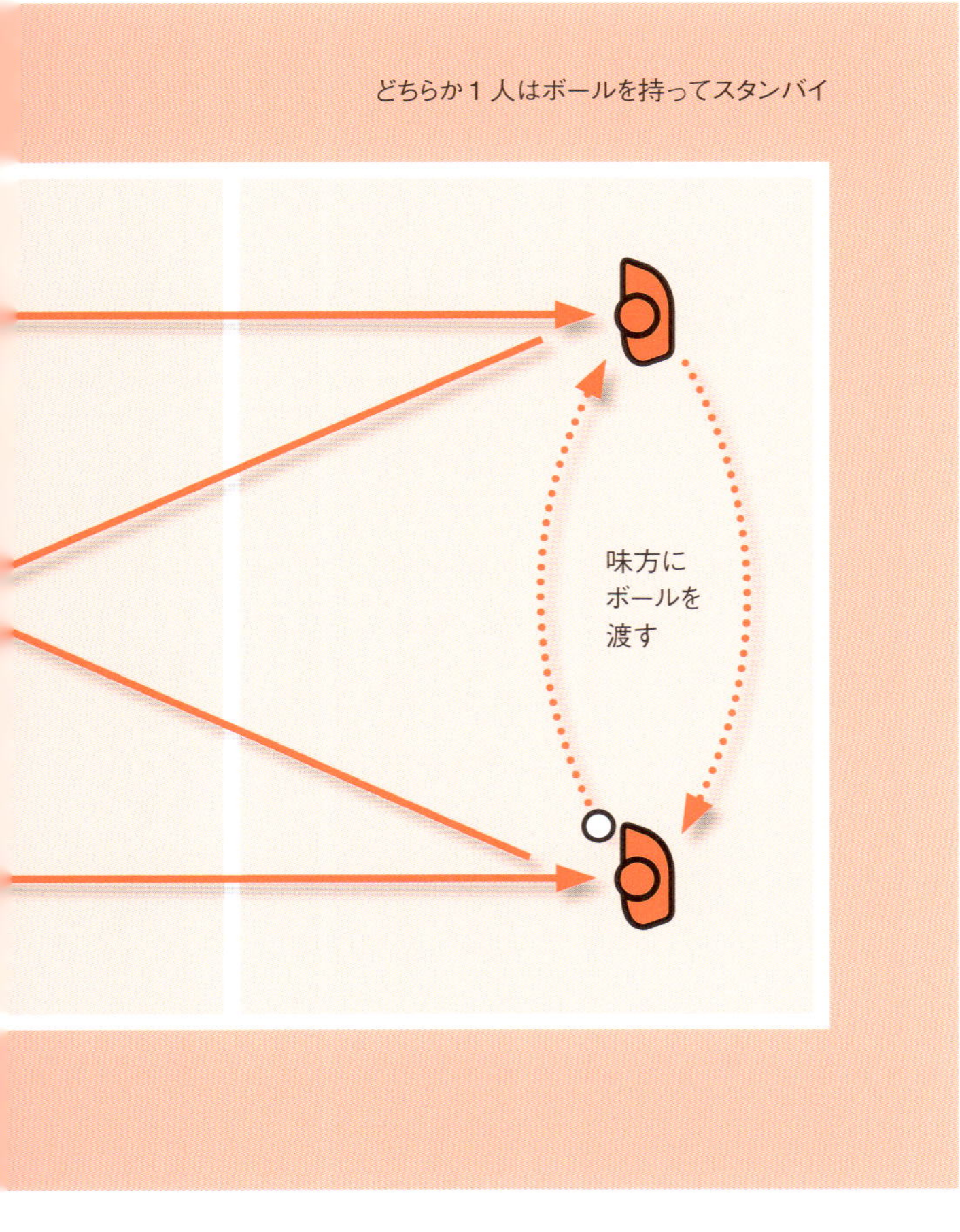
どちらか1人はボールを持ってスタンバイ
味方にボールを渡す

少しずつ
難度を上げて、敵、味方への
視野を広げよう!

KANAの役に立つアドバイス

パスの高さ、スピードを調整する

初心者は、高いパスを出してゆっくり行うといいでしょう。慣れてきたら、パスのスピードを速めた状態で連続してできるように挑戦してください。

相手チームの失点を狙うには、ボールを持っている人を集中的に狙うと、動きがあわただしくなるので有効です

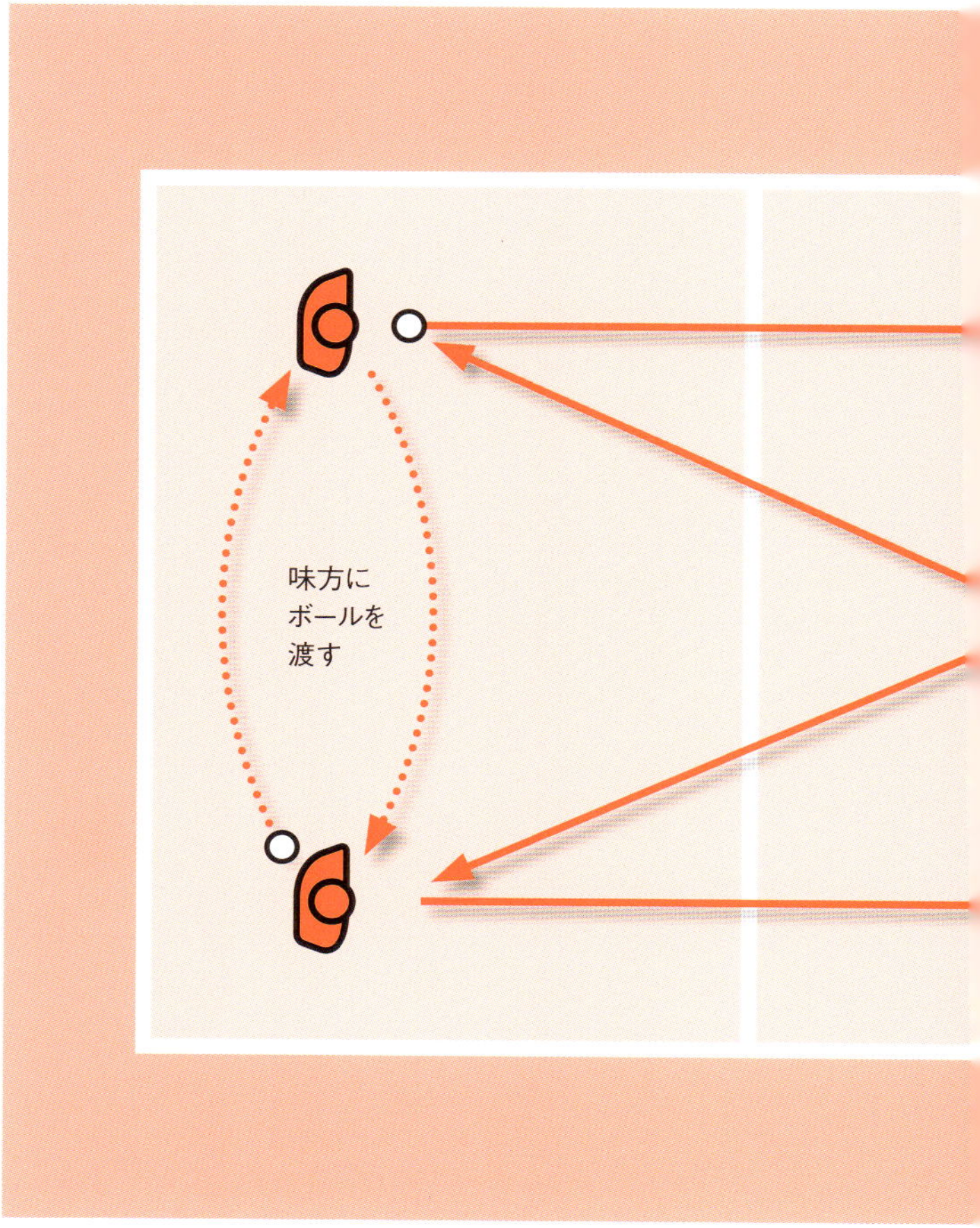

どちらがボールをとるのか、2人で声を出し合って動きましょう。 またパスをしない人は、相手チームの狙いどころを確認して、声を出して指示することも大切です

効率のいいレシーブ練習

2人並んでコートに入り、その他の選手はエンドラインより後ろに2列に並びます。ボールを打つ人はネット際に立ち、レシーバーに向かって強打やフェイントを打ちましょう。

2人のどちらかがレシーブし、もう1人がボールを打つ人に向かって二段トスを上げます。

レシーブ、トスが終わったら、2人はコートの外に出て次の人と交代。ボールを打つ人は、徐々に難度を上げていきます。

レシーブ&トス練習

ボールを打つ人

ボールを打つ人は、中央、両サイドと立ち位置を変えます。フェイント、2人の間など狙って、いろいろな角度からボールを打ちます

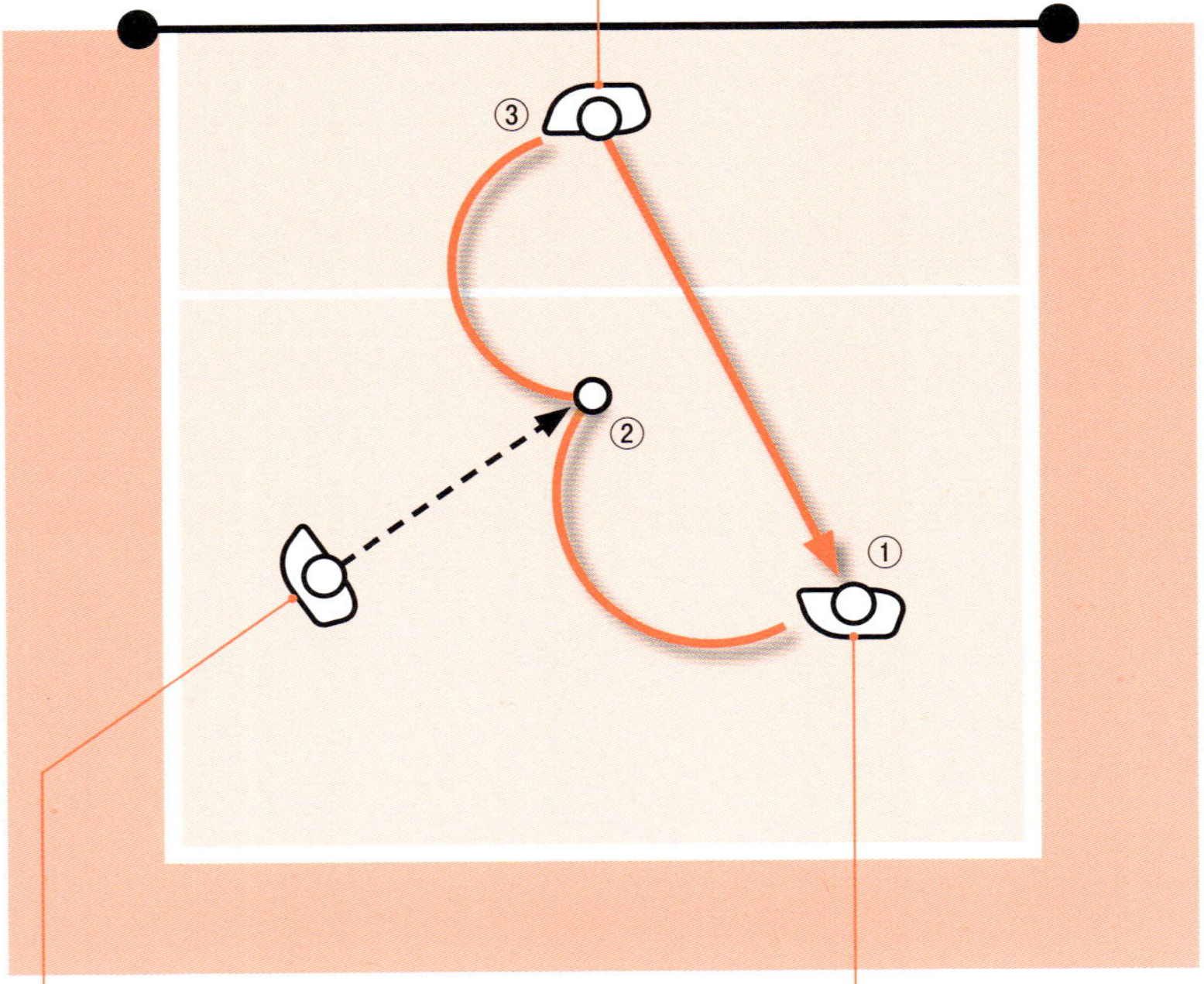

トスを上げる人

どこにボールがきてもいいように構えておきます。ボールを打つ人が打ちやすい二段トスを上げましょう

レシーバー

ボールの正面にしっかり入って正確なレシーブを心がけます

コートを３分割、４分割して、ネット際にはボールを打つ人、エンド側にはレシーブする人が入り、レシーブ練習を行います。レシーブ範囲が狭いので隣とぶつからないように意識することで、正確なスイングとレシーブ力が身につきます。

７本レシーブしたら、ボールを打つ人はコートの外に出て、レシーバーは打つ側にまわり、新しい人がレシーブに入ります。大人数で効率よく行えるレシーブ練習です。

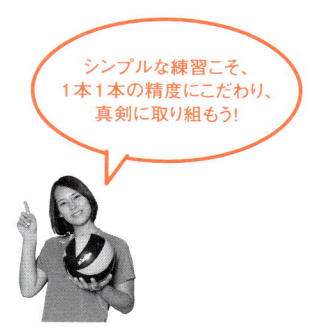

シンプルな練習こそ、
１本１本の精度にこだわり、
真剣に取り組もう!

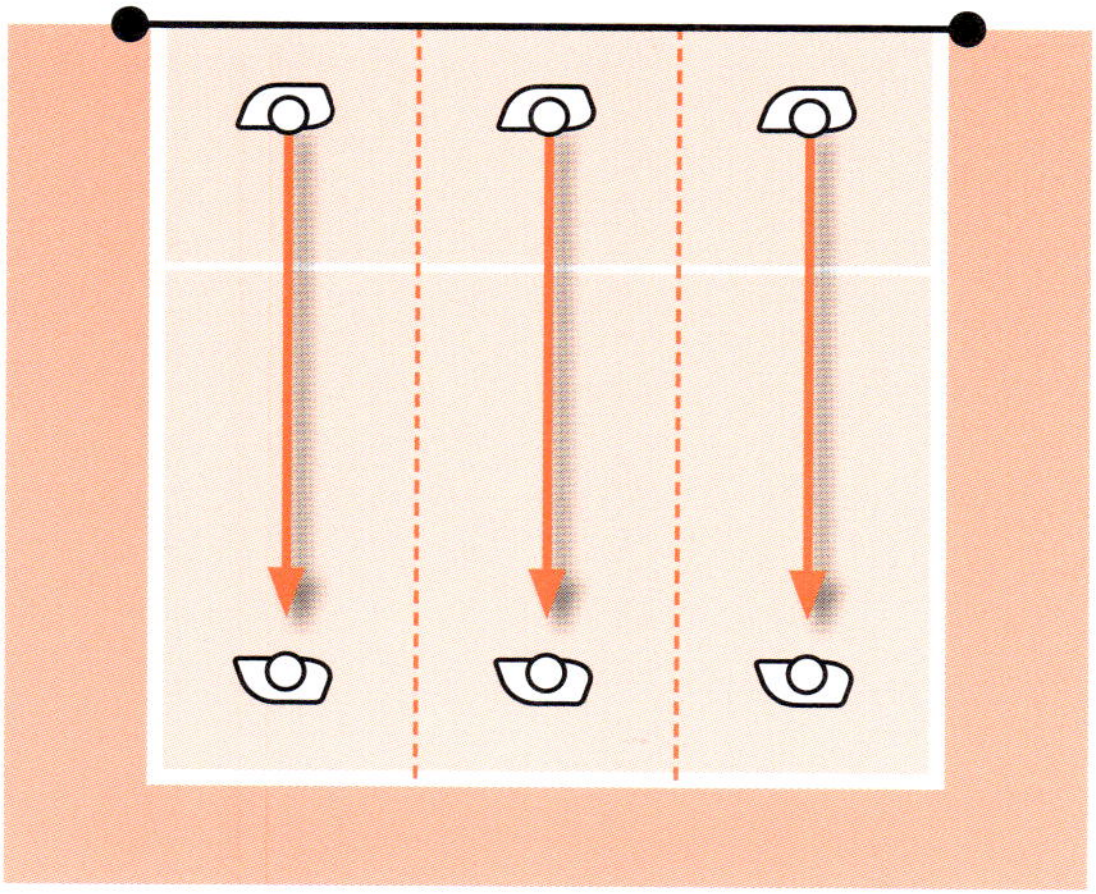

３組レシーブ

ボールを打つ人は、
強打だけでなくフェイントも
織り交ぜます

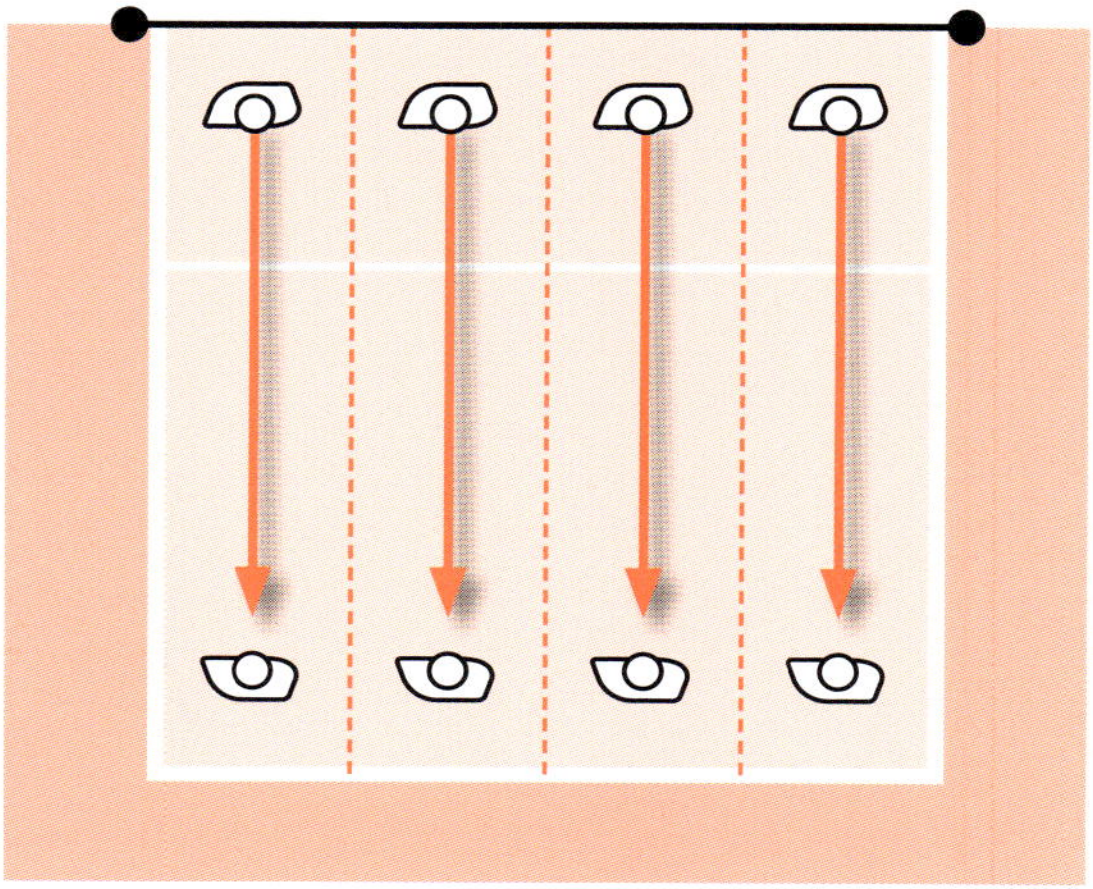

４組レシーブ

さらに難度を上げたい時は、
コートの中に４組入り、
より正確性を高めましょう

オールラウンドの動きを身につける

1人でパス、トス、スパイクを打つ練習

1人でコートに入り相手コートからボールを入れてもらいます。自分でレシーブし、トスを上げスパイクを打つところまで行います。

最初のレシーブはオーバーでもアンダーでも構いません。3回目にしっかり打てるようにパス、トスをていねいに上げることが大切です。練習の人数が少なくても、ボールコントロールとオールラウンドな技術をマスターできます。

1 ボールの正面に入ってレシーブ

2 直上トスを上げてスパイクを打つ準備

3 しっかり踏み込んでスパイクを打ちます

4 狙ったところへ打てるようになりましょう

2人でパス、トス、スパイクを打つ練習

２人がコートに入り、順番にパス、トス、スパイクを行います。スパイクはネットに向かって打ち、それをもう１人がカバーして連続させていく練習です。

パスをしたら、すぐにスパイクの準備に入らなくてはいけません。また、ネットプレーの練習にもなり、高くゆっくりていねいに上げる習慣も身につきます。

1 パートナーに向かってレシーブ

2 レシーブ後、パートナーはトス。すぐにスパイクの準備

3 ネットに向かってスパイクを打ちます

4 すばやく準備し跳ね返ってきたボールをフォローします

Training

第8章

総合練習

4対4バックアタック練習

コートに4人ずつ入るラリーの練習です。最後は、必ずバックアタックで攻撃するというルールで行います。

4人のうち1人がセッターとなり、実質3人でディグをするため、1人1人の守備範囲が広くなります。

セッター以外の3人は守備した後、すぐにどこからでも攻撃できる準備をしておきます。

7点先取などのゲーム型式で練習すると、さらに実戦的です。

練習する時は、すべてのポジションを行い、アタッカーはいろいろな位置からバックアタックが打てるように。また、トスを上げる人は、どの位置からでも正確なトスを上げられるように心がけましょう

レシーブした人以外は、誰がトスを上げるのか声で示し、アタッカーは必ずトスを呼びます。レシーブした人も余裕があれば、助走の準備を行い攻撃に入りましょう

アタッカー

アタッカーはバックアタック兼ネットから離れたトスを打つ練習にもなります。
トスをよく見てしっかり踏み込みましょう

レシーバー

レシーバーはコート後方にきたボールを正確にレシーブする意識で守備に入ります。
アタッカーの身体の向きを見てコースを予測しましょう

6対6フェイント練習

6対6のラリー練習では、3本目の攻撃をフェイントで行います。

攻撃側は狙ったところへ確実にフェイントを落とすことを意識し、特にレシーバー同士の間を狙います。

守備側はアタッカーの手元を確認しながら、ボールをよく見てレシーブに入りましょう。確実に上げることが、いい攻撃につながります。

選手の間に落ちてきたフェイントボールは、誰がレシーブするのか、声で示すこと。あらかじめ誰がレシーブするのかわかれば、いち早くトスや攻撃の準備に入ることができます

攻撃するチームは、必ずブロックフォローに入ることが大切。フェイントボールはブロックされると真下に落ちやすいので、低い姿勢で構えておきます

アタッカー

アタッカーは、レフト、ライト、センターと、いろいろな位置から攻撃します。

ブロッカー、レシーバーの位置をしっかり見極めて狙ったところにボールを落とせるようにしましょう

守備

レシーバーは、ボールの落下地点を見極めてレシーブしましょう。

あらかじめスペースを空けておくことで、実戦では相手アタッカーのフェイントを誘い込むことができます

各場面での攻撃力を高める

レギュラーチーム（Aチーム）のサイドアウト力（ブレイク）、ディフェンスからの攻撃力（トランジション）を高めるために行う6対6の対戦型練習です。

Bチームからサーブを打ち、Aチームが得点を決めたら、すぐにBチームへチャンスボールを入れます。

Aチームは、Bチームからの攻撃をディフェンスし、そこから得点を決めていきます。2本連続で得点したら1得点。5点とれるまで繰り返し行います。

1 サイドアウトをきる

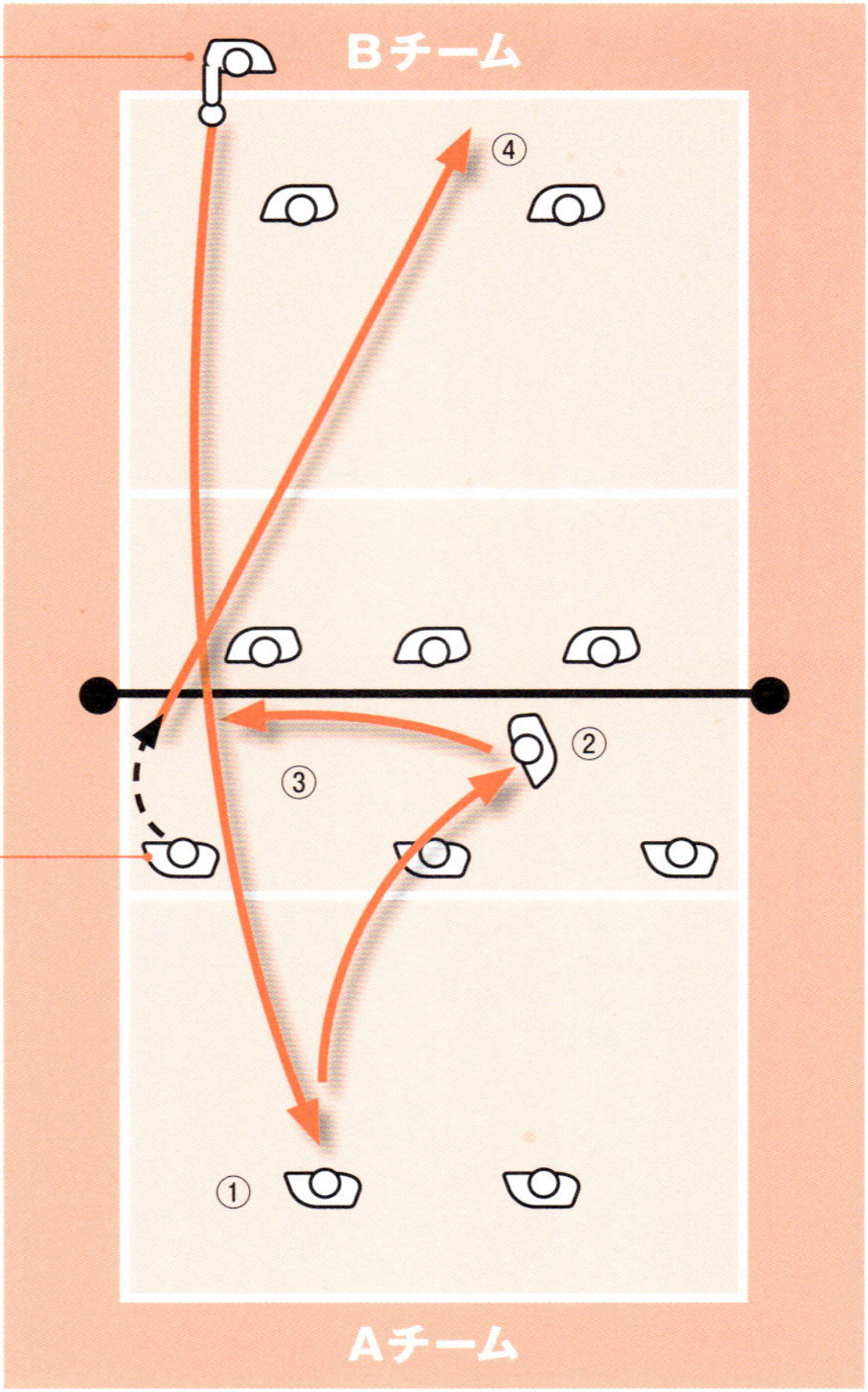

サーブを打つ人は、いろいろな選手を狙うことを心がけましょう

得点を決めたら、すぐにディフェンスの準備。相手チームの動きをよく見ながら移動するのがポイントです

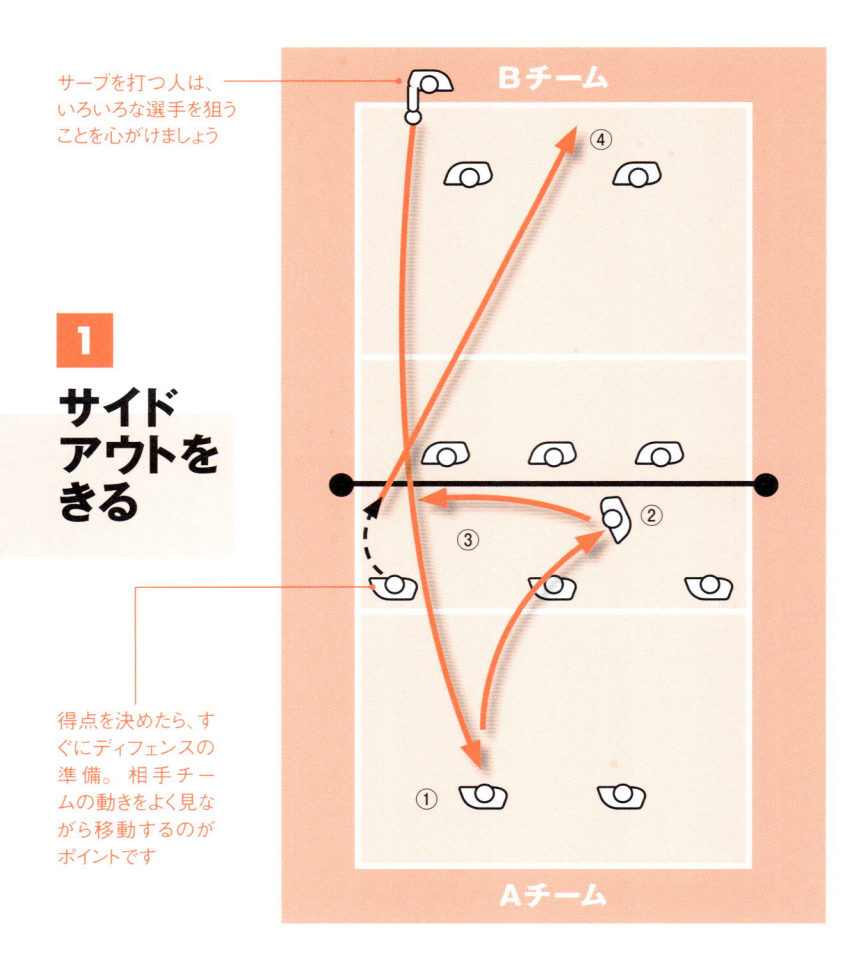

Aチームは、緊迫した
状況を想定して
全力で得点をとりにいこう!

KANAの役に立つアドバイス

効率よく行うための工夫

目的は、Aチームにプレッシャーをかけること。実戦を想定しながら、効率よく攻守の切り替えを行いましょう。Aチームがサイドアウトをきれなくても、Bチームがチャンスボールを投げる、というパターンも練習しましょう。

2

ディフェンスからの攻撃

Bチームは、チャンスボールをしっかり上げて、Aチームを惑わすような攻撃を仕かけていきましょう

Bチームにチャンスボールを入れる人。Aチームが得点を決めたら、すぐに入れられるようにボールは常に持っておきましょう

Bチームの攻撃に対して、Aチームはディフェンスします。ディフェンスからの攻撃を決めないとAチームは得点につながらないので、ブロックとレシーブの連携を意識してディフェンス力を高めましょう

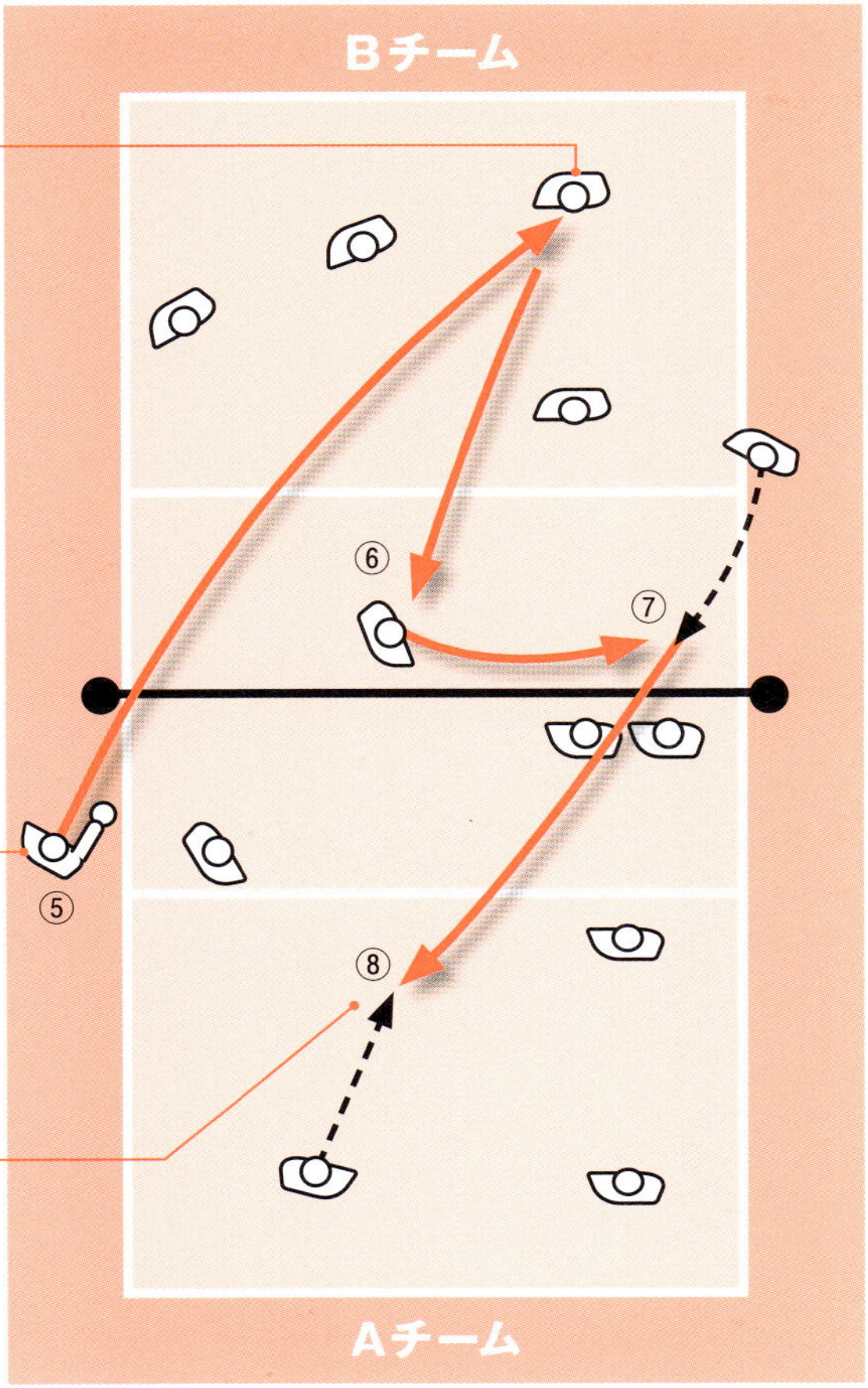

Column 8

Kana's Memory

ボールと心をつなぐのは「声」

長年バレーボールをやってきて、一番皆さんに伝えたいと思うのは、「バレーボールは声を出すことが大事」だということです。

バレーボールの最大の醍醐味は、仲間とともにボールを落とさないようにつなぎ、得点を決めることです。ボールをつなぐことは、心をつなぐこと。心でどんなにいろいろ思っていても、それを声に出して仲間に伝えなければ、あなたの思いやボールはつながりません。

また、練習中から声を出していないと、試合でいきなり声を出すことはできません。それは毎日ボール練習をするのと同様に大切なこと。試合になれば応援団の声、隣のコートの声など、周囲の音に紛れてしまうことがあります。だから、一層大きな声を出さなくては、仲間に声と心が届きません。練習中から試合を想定してしっかり声を出しましょう。

本気で勝ちたい気持ちは、最後は声になって表れます。バレーボールの魅力を感じて、楽しむためにも毎日声を出しましょう。

2009年、
現役最後のV・プレミアリーグで。
声を出してチームの
士気を高める

第9章

Self care

身体のケア

Self care

第9章
身体のケア

ウォームアップ・クールダウンの重要性

練習や試合前に行うウォーミングアップ。皆さんは、どれだけ入念に行っていますか？

いくら高い技術力を持っていても、身体が動かなければ、実戦で力を発揮できません。

ストレッチで筋肉を温め、各関節の可動域を広げておくことが、高いパフォーマンスを発揮する大切な要素です。また日々ストレッチを行い、身体の柔軟性を高めておくことが、技術向上につながり、ケガの予防にもつながります。

身体の柔軟性を知ろう

まずは、自分自身の柔軟性をチェック。それぞれの部位の動く角度、可動域を確認してください。硬いところは重点的にストレッチを行い、克服していきます。

お風呂上がりなど筋肉が温めら

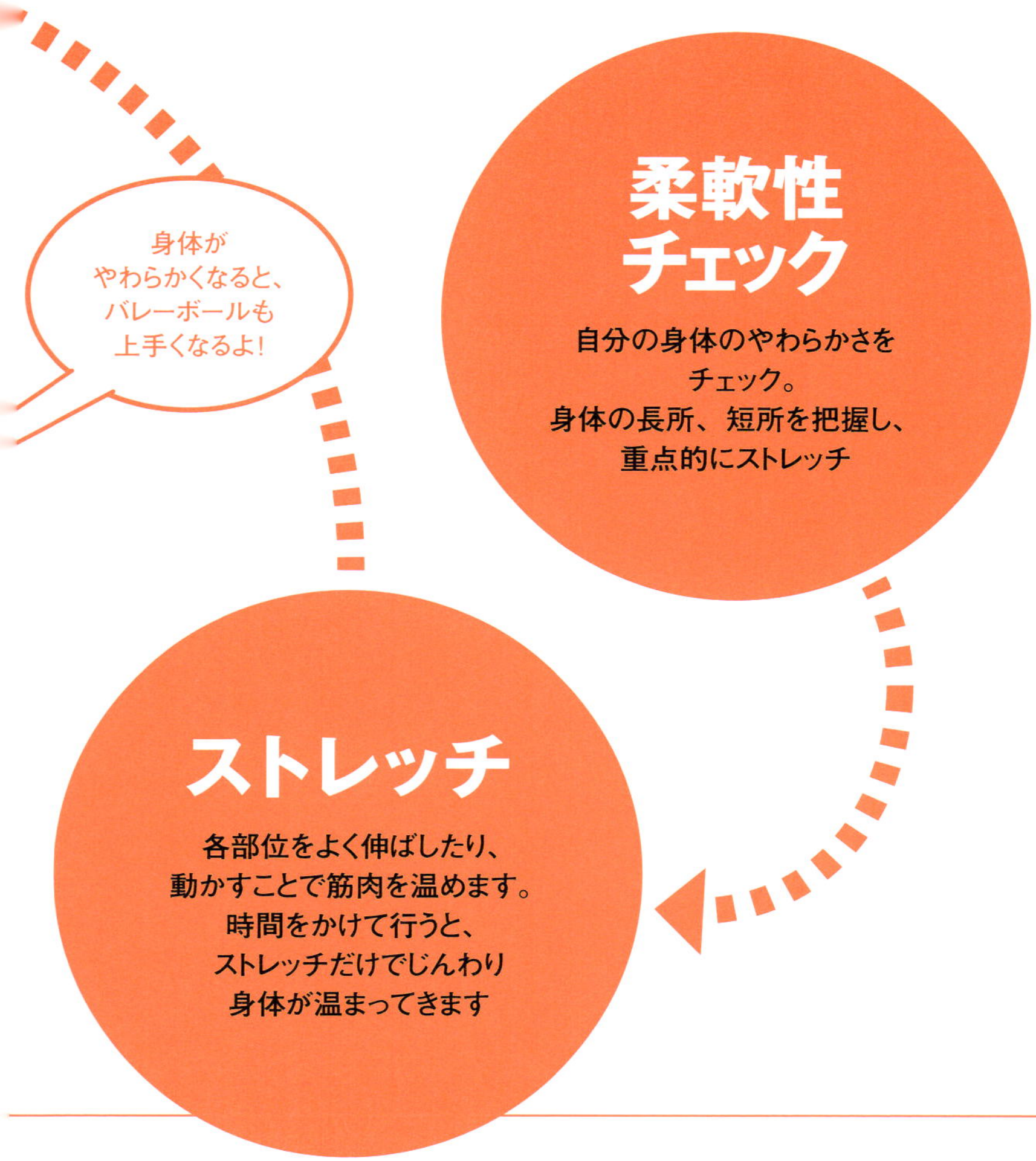

身体が
やわらかくなると、
バレーボールも
上手くなるよ！
柔軟性
チェック
自分の身体のやわらかさを
チェック。
身体の長所、短所を把握し、
重点的にストレッチ
ストレッチ
各部位をよく伸ばしたり、
動かすことで筋肉を温めます。
時間をかけて行うと、
ストレッチだけでじんわり
身体が温まってきます

れ、ほぐれた状態で行えば、効果的で疲れも解消されます。スポーツの前後だけでなく、日常的にストレッチを行い健康な身体を手に入れましょう。

楽しみながら身体を動かす

身体を温め筋肉を十分に伸縮させたら、ボールを使って楽しみながらできるウォーミングアップを行いましょう。神経と筋肉の動きを連動させることで、より自分がイメージする動きができるようになります。

チームメイトとコミュニケーションをとりながら行うと、雰囲気も和みスムーズに練習に入れます。

運動後は入念に

練習や試合が終わったら、ストレッチで入念に筋肉を伸ばし、クールダウンしましょう。できるだけ翌日に疲れを残さないために、血流を促して使った筋肉をほぐし、疲労物質を排出しましょう。

ボールを使ったウォーミングアップ

1人でもできるメニューやチームメイトと共同できるメニューがおすすめ。特に視野の広さやバランス感覚を養うものに取り組みましょう

クールダウン

シューズや靴下をぬぎ、できるだけリラックスした状態でランニングやストレッチを行いましょう

身体の柔軟性をチェックしよう

ウォーミングアップ、クールダウンとともに重要なのが、身体の柔軟性をチェックすることです。自分の身体のどの部分に柔軟性が必要なのかを見極めることは、ケガの予防にも役立ちます。

身体の柔軟性が養われると、できなかったプレーができるようになります。偏った部分がないか、どこが硬いか、まずはチェックから。必ず練習や試合の前は、チェックするように心がけましょう。

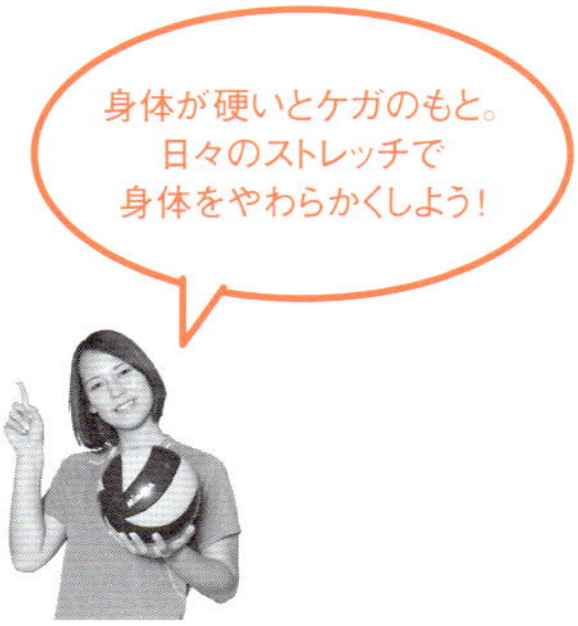
身体が硬いとケガのもと。
日々のストレッチで
身体をやわらかくしよう！

肩

◎＝後頭部が見えない　○＝耳が見える
△＝耳が見えない　×＝手の後から耳が見える

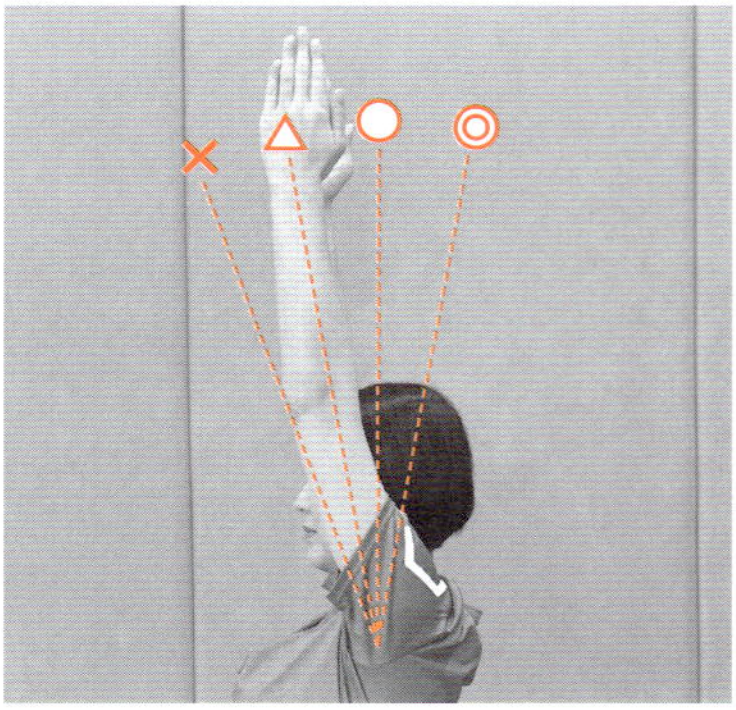

首

◎＝55度以上　○＝40～50度
△＝30～40度　×＝0～25度

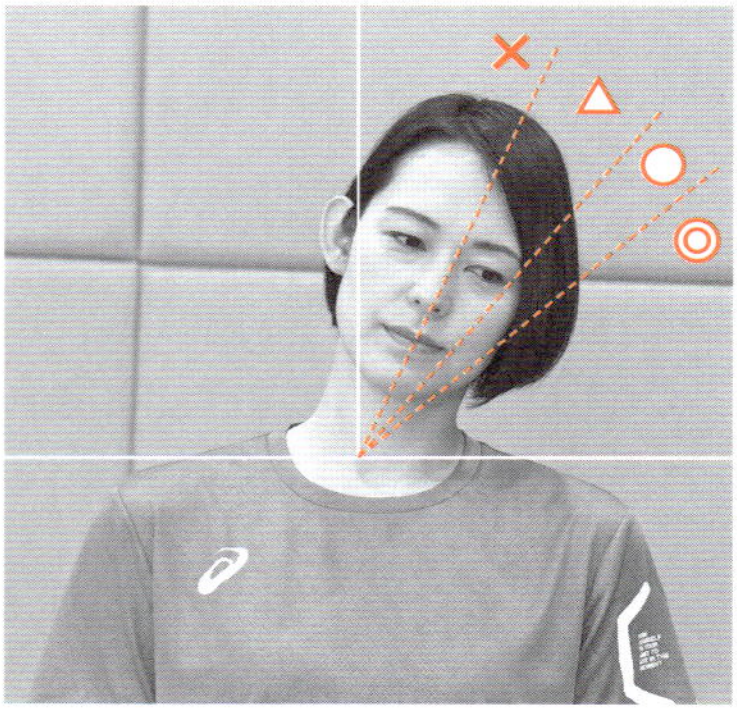

前屈

◎＝パーが床に着く
○＝グーが床に着く
△＝指先が床に届く
×＝床に届かない

結帯

◎＝首元から10cm以下　○＝首元から10～15cm
△＝首元から15cm～20cm　×＝20cm以上

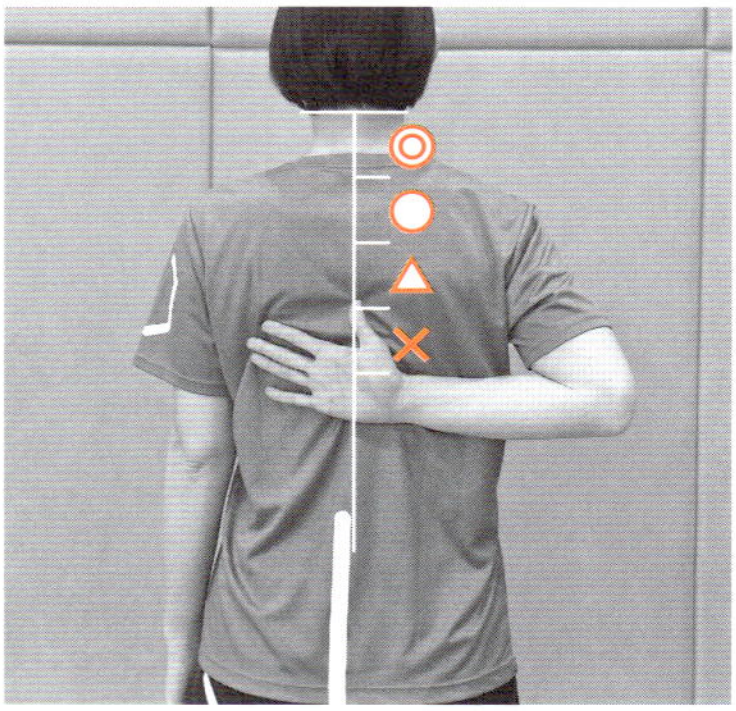

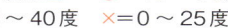

開脚前屈

◎＝頭が床に着く
○＝ヒジが床に着く
△＝ヒジから床が20cm以内
×＝ヒジから床が20cm以上

後屈

◎＝80cm以上
○＝45～79cm
△＝20～44cm
×＝0～19cm

股関節

◎＝120度以上
○＝90～120度
△＝60～90度
×＝59度以下

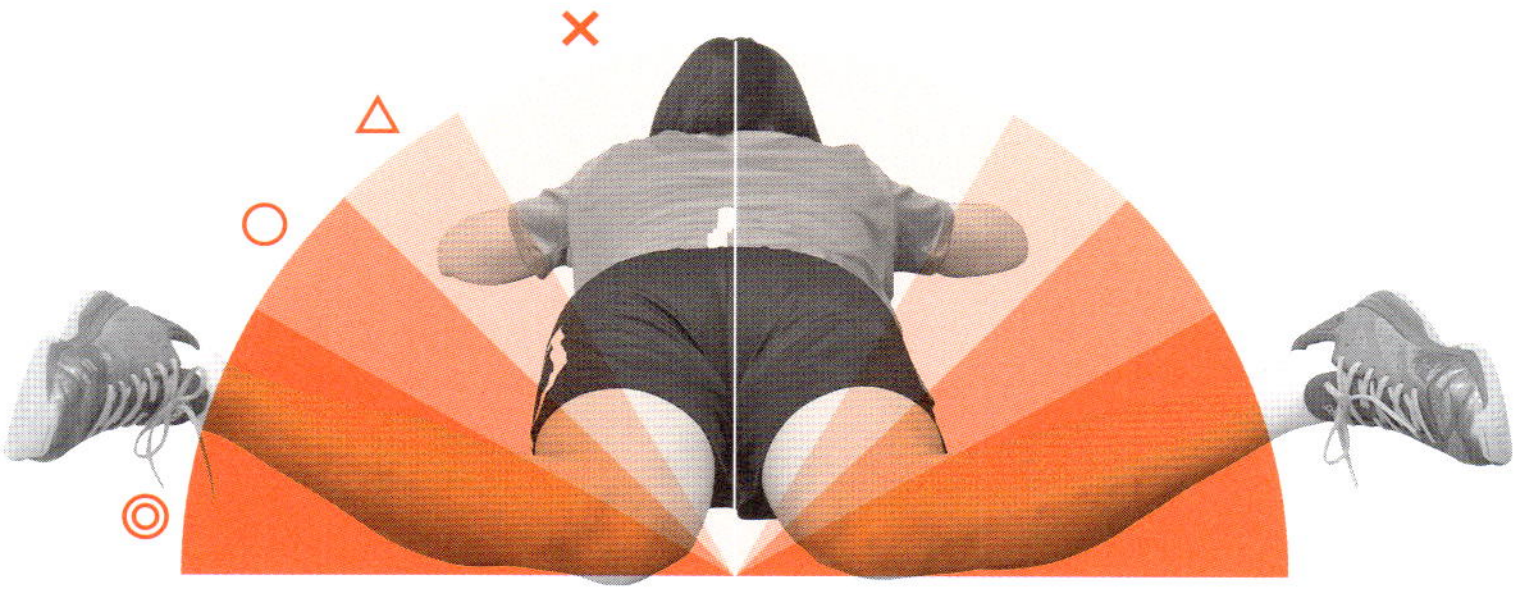

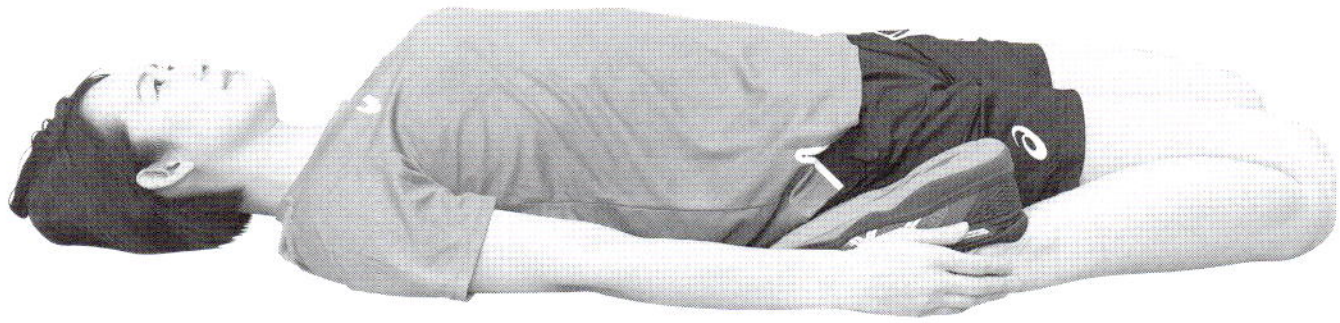

腸腰筋

◎＝肩が着く
○＝頭が着く
△＝ヒジが着く
×＝ヒジが着かない

お尻

◎＝楽にお尻が蹴れる
○＝自分でお尻が蹴れる
△＝押されてカカトが着く
×＝押されても着かない

Self care

第9章

身体のケア

上半身の柔軟性を高めよう

身体の柔軟性をチェックしたら、次はストレッチで柔軟性を高めましょう。

身体を動かしながら行うストレッチが中心です。最初は硬くても少しずつ続ければ、柔軟性は高まり、関節の可動域は広がります。

ストレッチを行う上で大切なのは息を止めないこと。呼吸をしながら、少しずつ動かしていくと筋肉が伸びていきます。

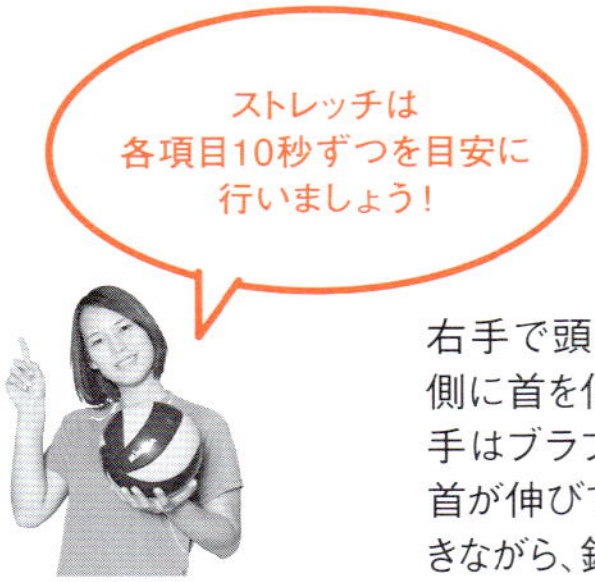
ストレッチは
各項目10秒ずつを目安に
行いましょう！

首

右手で頭の左側を押さえ、少しずつ右側に首を伸ばしていきます。この時、左手はブラブラと前後に揺らせば、さらに首が伸びていくのがわかります。息は吐きながら、鏡を見ながら行いましょう

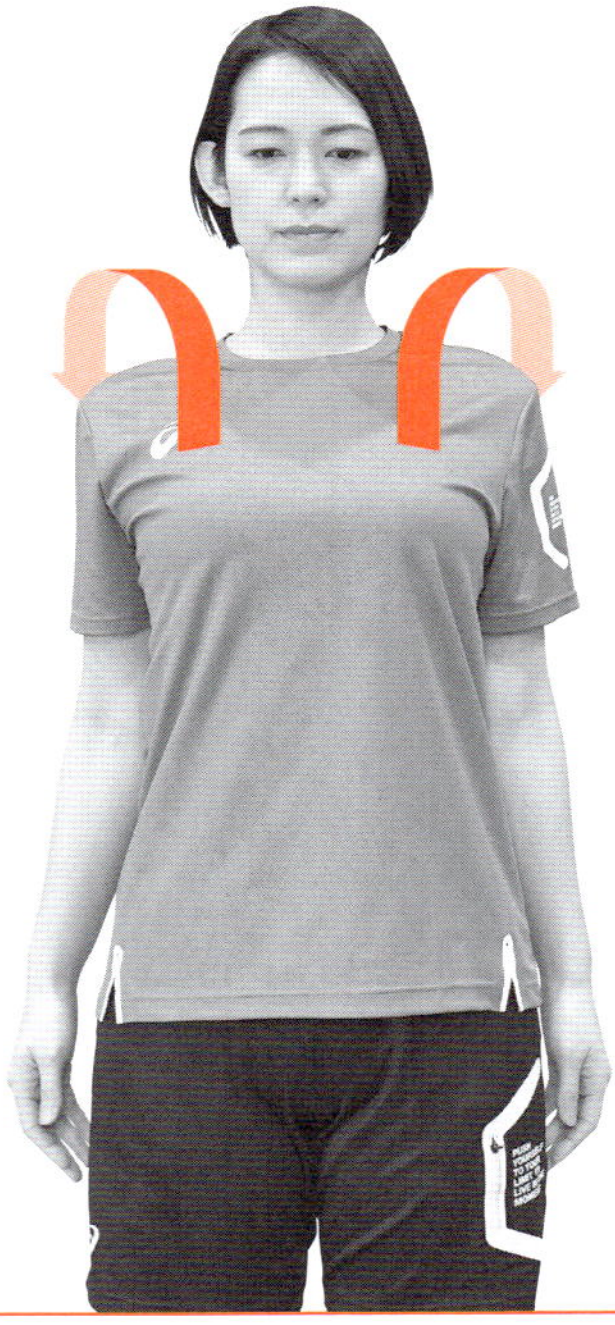

肩

両肩を回します。まずは後ろから前に、次に前から後ろに。それぞれ10回ずつ行います。肩の力を抜いて、肩甲骨から回すような意識で肩全体を回していきましょう

肩周り

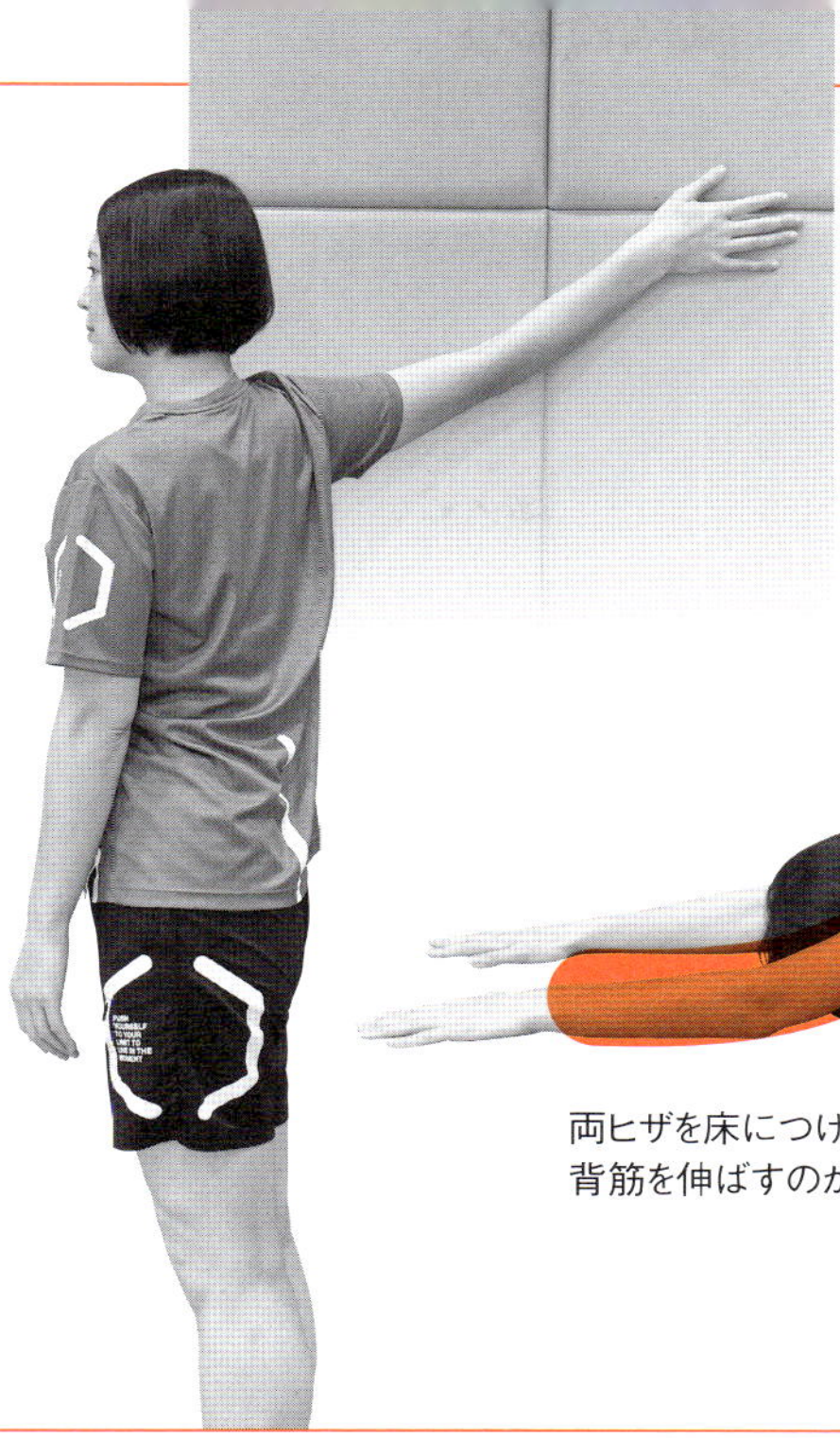

カベに対して真横になり右手をカベに当てて、肩から後ろに反らします

両ヒザを床につけ、両手を伸ばしましょう。背筋を伸ばすのがポイントです

後屈

うつぶせの状態から身体の横に両手を置き、そのまま身体を起こします。 腰に痛みを感じたら、それ以上反らしてはいけません。 次に肩のストレッチ同様、両手を前に伸ばして背中を後ろに反らします

身体の中心部の柔軟性を高めよう

ストレッチは、筋肉、腱、靭帯などをゆっくり伸ばして、その体勢を保持したり、反動をつけて動かすこと。筋肉をやわらかくするだけでなく血流を促すことにもつながります。

　ボールを打つ、拾うが醍醐味であるバレーボールにとって、背筋や股関節は欠かせない部位。そのつなぎ目である腰の回旋を意識して、可動域が広くなるようにストレッチを行いましょう。

腰周り

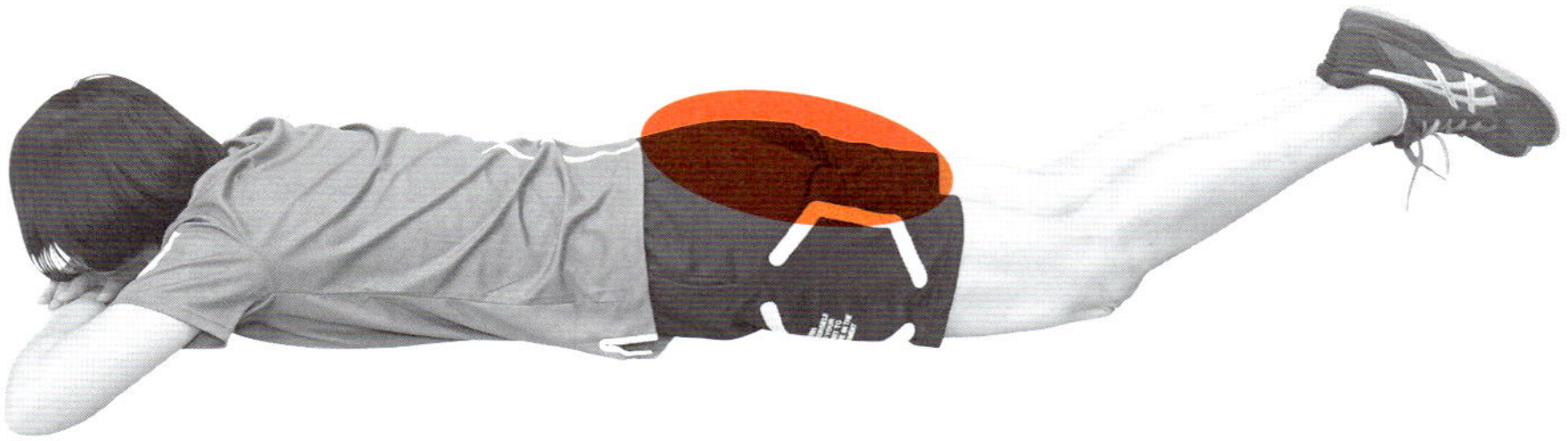

軽くヒザを曲げた状態で両ヒザをそろえたまま、うつぶせになります。 左回り、右回りともに10回ずつ、ヒザから先をぐるぐると回します

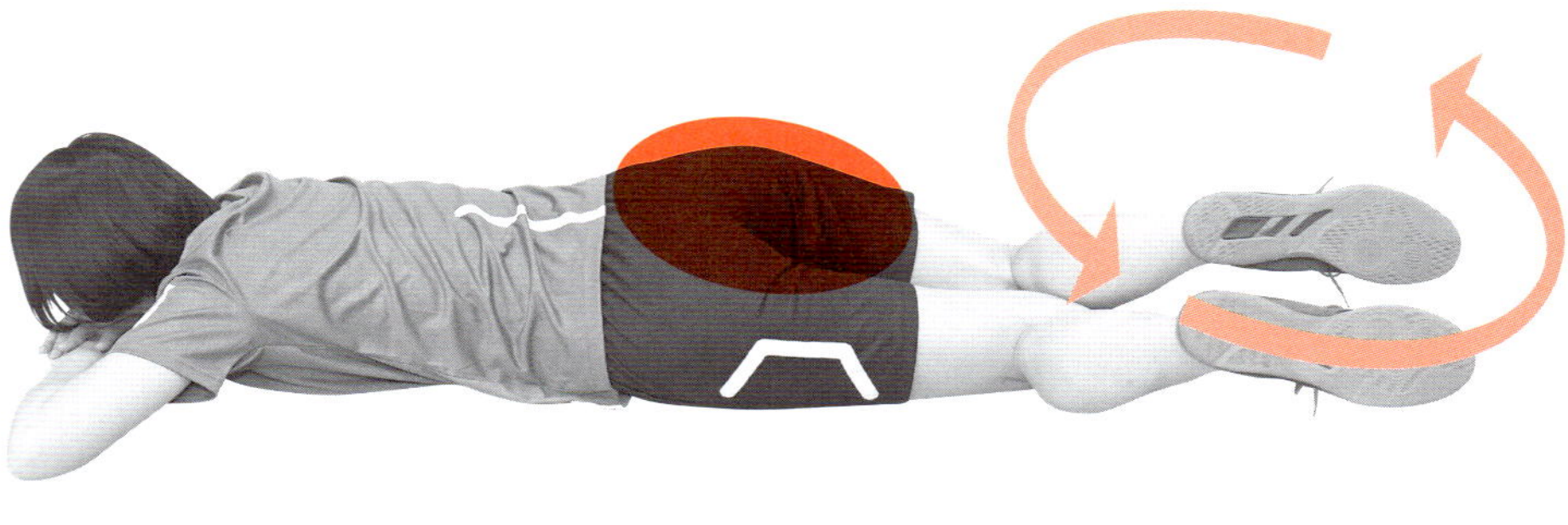

股関節

腰に手を当て股関節から腰を回します。右回り、左回りそれぞれ10回ずつ行いましょう

仰向けに寝て片足のヒザを床につけて、もう片方の足はヒザを立てます。足のつけ根を意識し、交互に足を床につけましょう

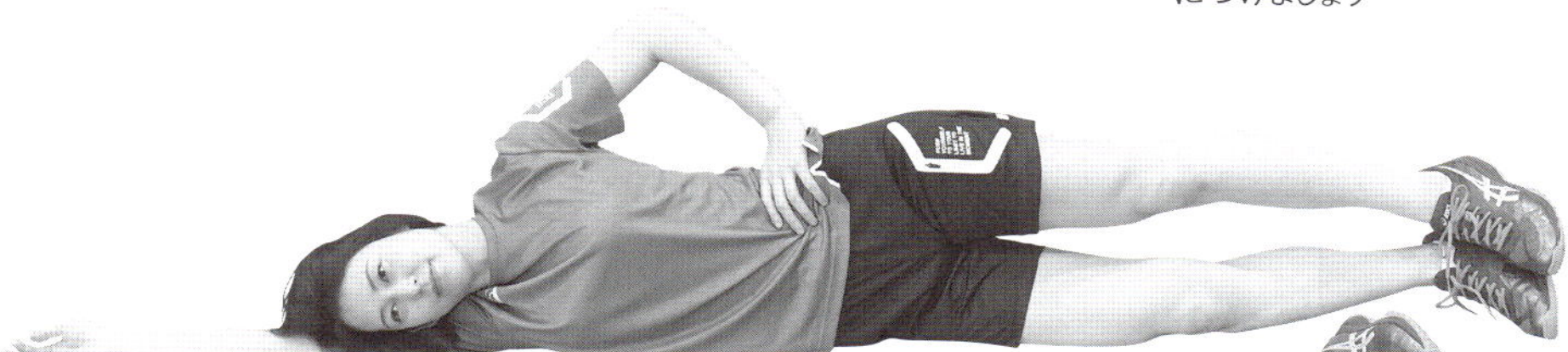

横向きで寝て、左足をまっすぐ伸ばしたまま、上げ下げを繰り返します。反対側も同様に行いましょう。きつくなってから、10回行いましょう

下半身の柔軟性を高めよう

下半身の大きな筋肉はスポーツをする上で大切な基盤です。これらの筋肉をストレッチすることでパフォーマンスが向上し、腰痛などスポーツで起こりがちな故障を予防することができます。

ここでは足と身体をつなぐ腸腰筋を中心にしたストレッチを行います。身体を動かしながら行えば、自重を利用して可動域が広くなっていきます。

前屈

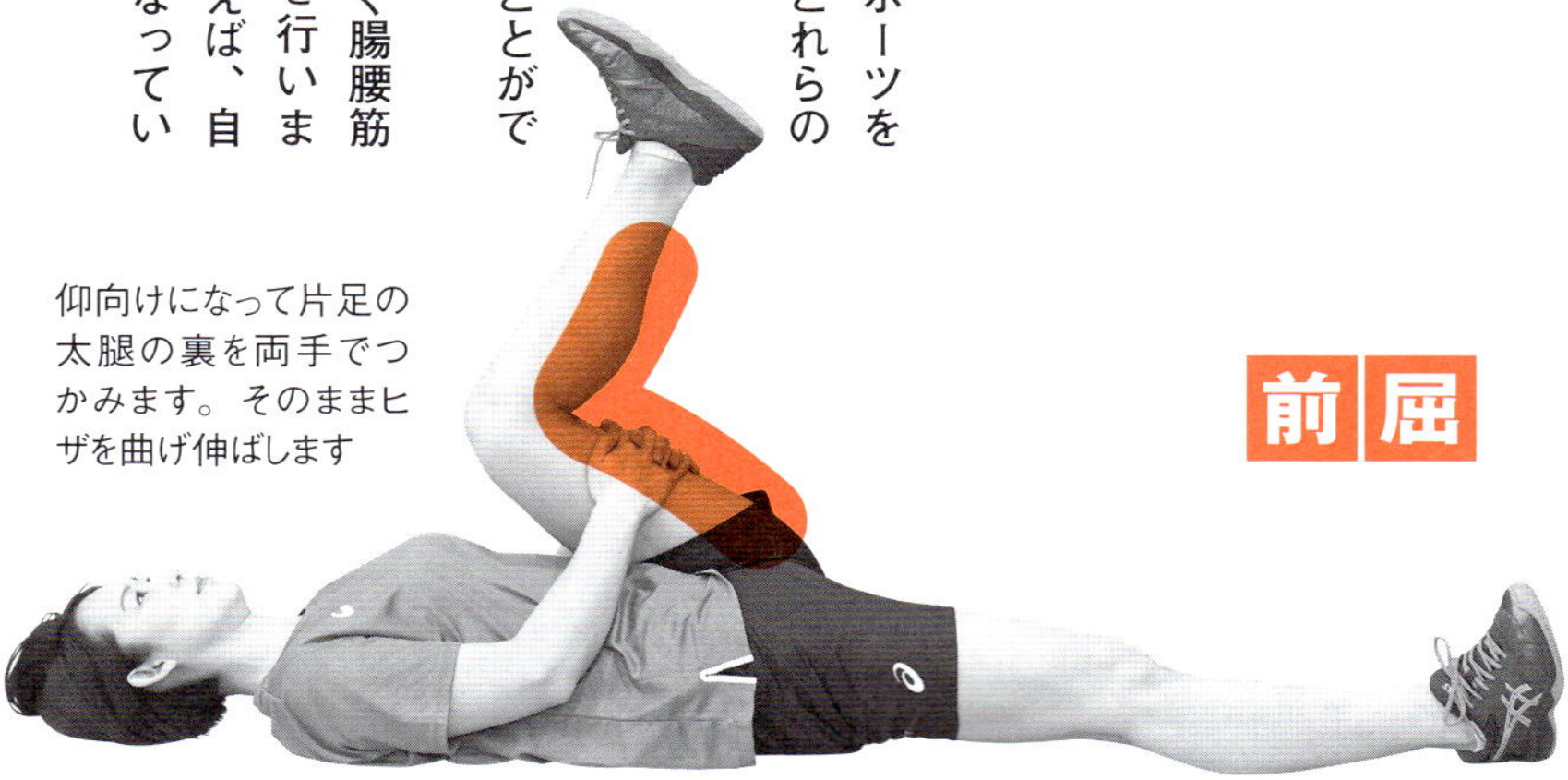

仰向けになって片足の太腿の裏を両手でつかみます。 そのままヒザを曲げ伸ばします

お尻

次に右足のヒザに左足首をのせ、左足のヒザを両手で持って身体にひきつけましょう。お尻の筋肉を伸ばします

腹式呼吸を
しながらしっかり
ストレッチしよう!

腸腰筋

片方のヒザは深く曲げた状態で、片足を後ろに伸ばして足のつけ根を伸ばしましょう

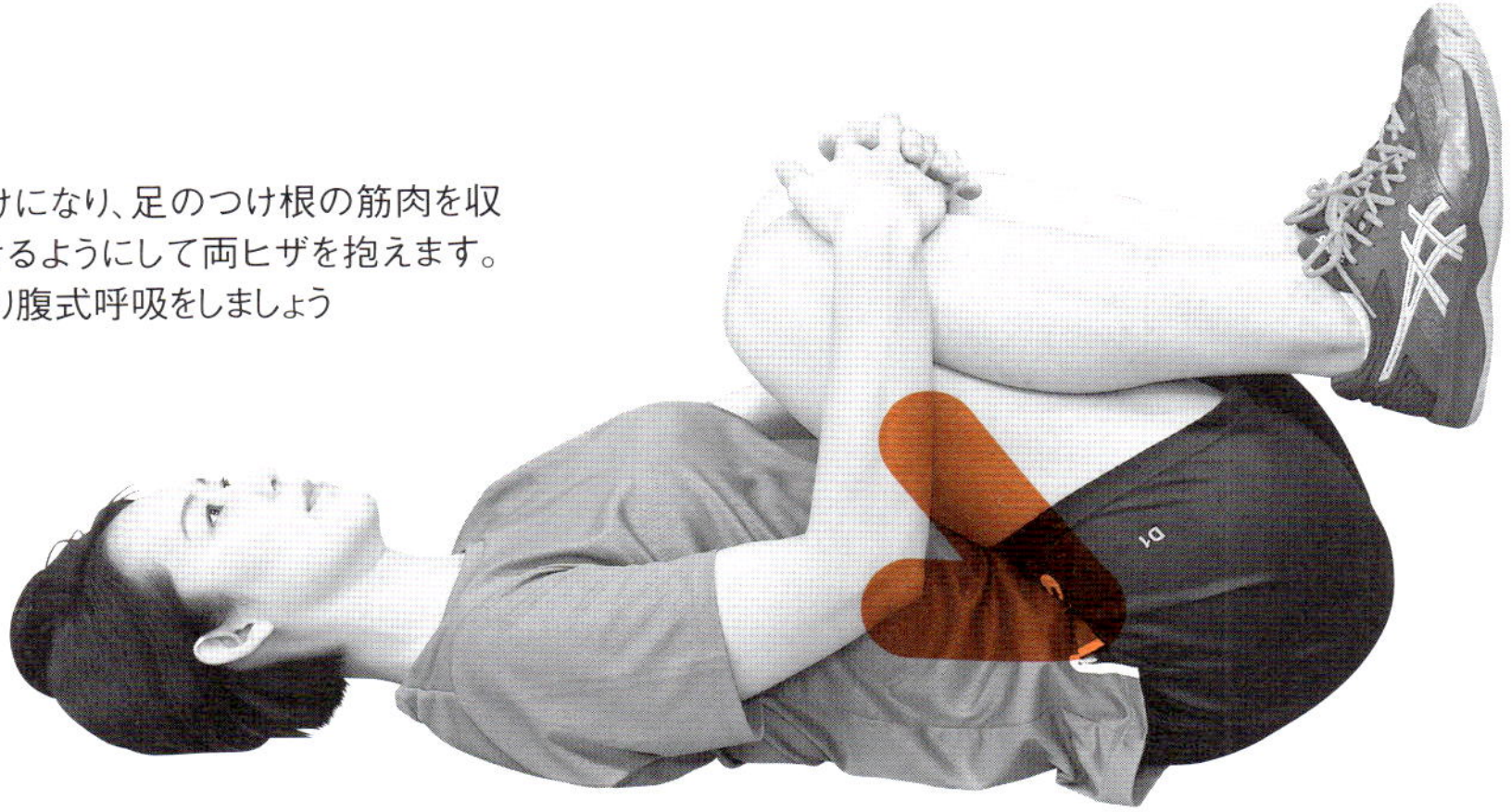

仰向けになり、足のつけ根の筋肉を収縮させるようにして両ヒザを抱えます。ゆっくり腹式呼吸をしましょう

Self care

第9章

身体のケア

ボールを使ったウォーミングアップ①

ボールを使ったウォーミングアップを紹介します。ゲーム感覚でできる「ボール集め」は、コートの中央に7個のボールを置き、4隅にできるだけ同人数のチームに分かれてスタンバイします。合図と同時に1人ずつボールをとりに行き、ボールを自分の陣地に運びます。2回目までは中央のボールをとりに行きますが、だんだんボールが少なくなってきたら、他チームの陣地からボールを奪います。最初にボールが3個集まったチームが勝ちとなります。

「片手パスからのヘディング」は、右手、左手、ヘディングという順番でパスを行います。10回連続を目指して始めましょう。

ボール集め

身体を動かしながら周囲を見渡す判断力をつけ、ボールが3個集まりそうなチームからボールを奪うといいでしょう

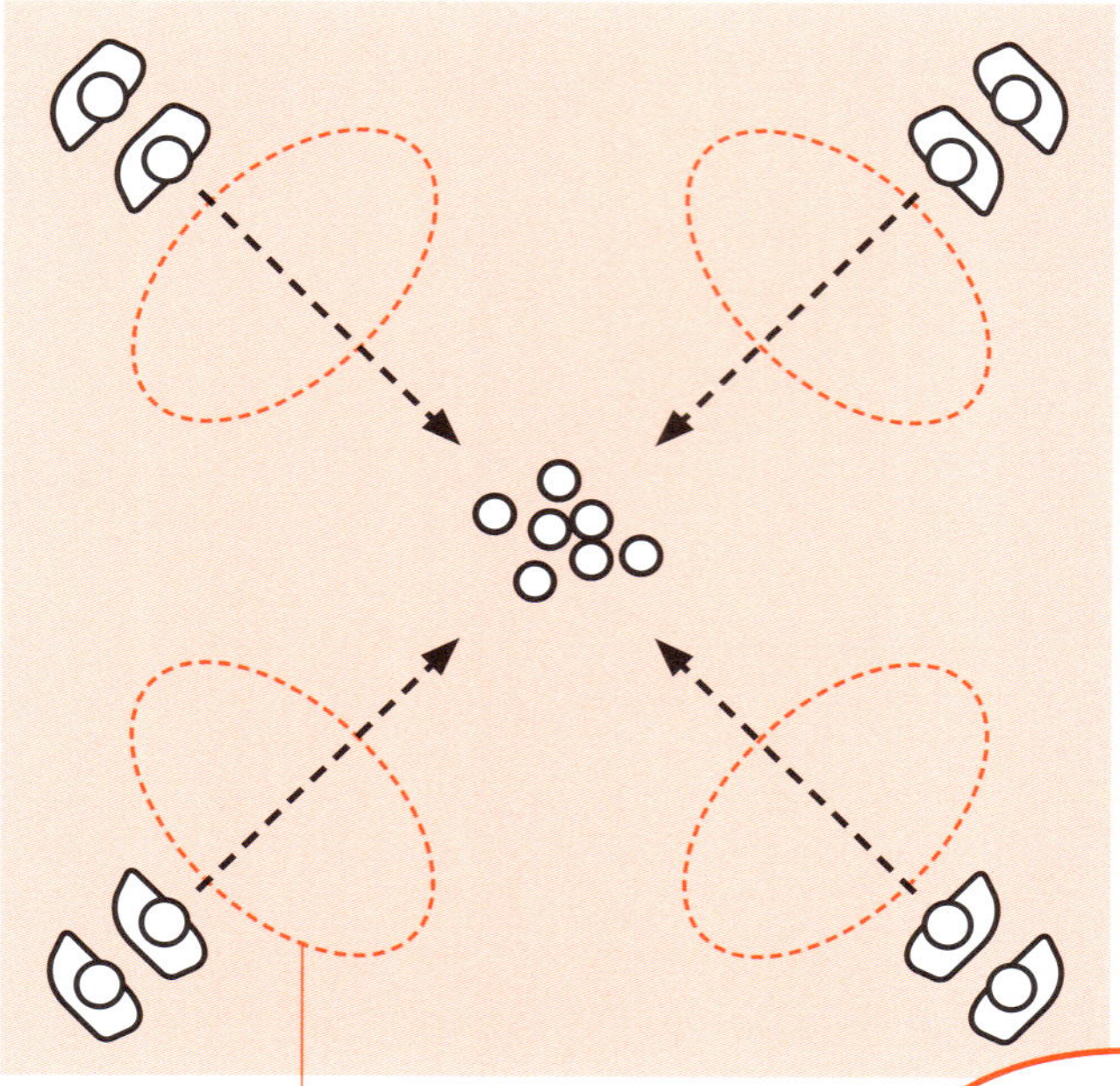

中央のボールがなくなったら、他チームの陣地からボールを奪い、自分の陣地の中に持ってきます

早くボールを集めたほうが勝ち！ゲーム感覚で身体を動かそう！

片手パスからのヘディング

1 ボールから目を
離さないように
片手でボールを
とらえましょう

ボールコントロールを
意識してやってみよう!

2 ボールを頭上に
上げられるように
しっかりコントロール

3 ボールを芯からとらえて
ヘディング。自分の手元へ
ボールを出し
連続して行いましょう

ボールを使ったウォーミングアップ２

２個のボールを使って遊び感覚で身体を動かしましょう。「ボールのせ」は、ひとつのボールを手に持ち、もうひとつのボールを放り投げてバウンドさせ、手に持っているボールの上にのせます。やわらかくボールを扱う動きが養えます。

「ボール交換」は、２個のボールを使います。両手に持ったボールをそれぞれ直上させ、手を交差させて受け止めましょう。さらにそこからまたボールを直上させ、手を戻して受けます。リズムよく行い、連続10回を目指しましょう。

ボールのせ

1 ひとつのボールを手に持ち
もうひとつのボールをバウンドさせます

2 落下地点を見極めて
ボールの下に入ります

3 ボールをのせたら
落とさないように
バランスをとりましょう

ボール交換

1

両手に
ボールをのせて
スタンバイ

2

同時に
ボールを
直上させます

3

ボールは
そのままで
すばやく左右の
手を入れ替え
ボールを受け
止める準備

4

その場から動かないでボールがキャッチできたら、再びボールを直上させて手を元に戻しましょう

運動後の身体のケア方法

運動後は、アフターケアで疲れを早く取り除きます。青竹やゴルフボール、ラクロスボールなど自分に合ったマイグッズがあると便利です。

まずは、足裏をほぐしましょう。小さくて手軽に持ち運べるゴルフボールは、椅子に座って足裏で転がします。

青竹は自宅に置いておくと、いつでも足裏をほぐすことができます。

青竹踏み

ゴルフボールを使ったケア

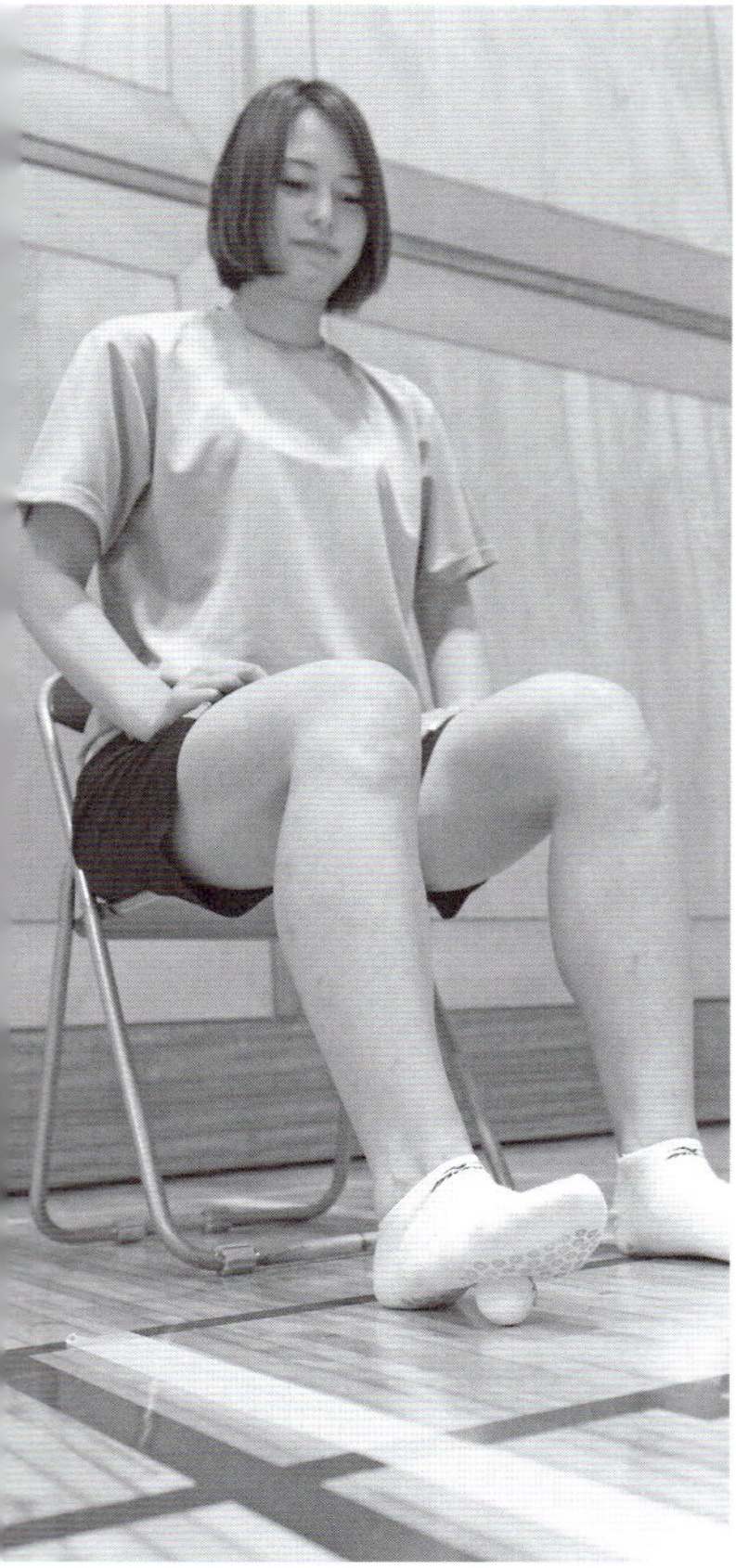

全身のケアは、手頃な大きさのラクロスボールがおすすめ。背中、腰、お尻などの大きな筋肉の下にボールを置いて、ゆっくりと体重をかけて刺激を入れていきましょう。

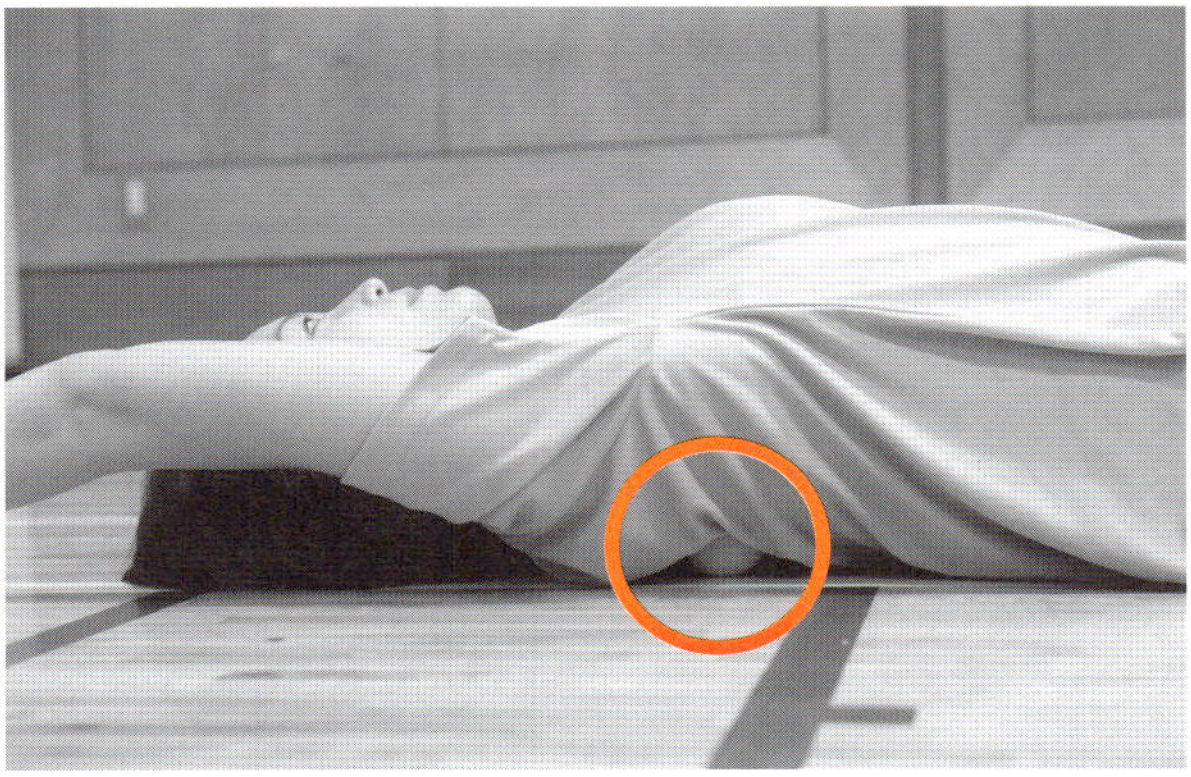

腰

ラクロスボールで全身をケア

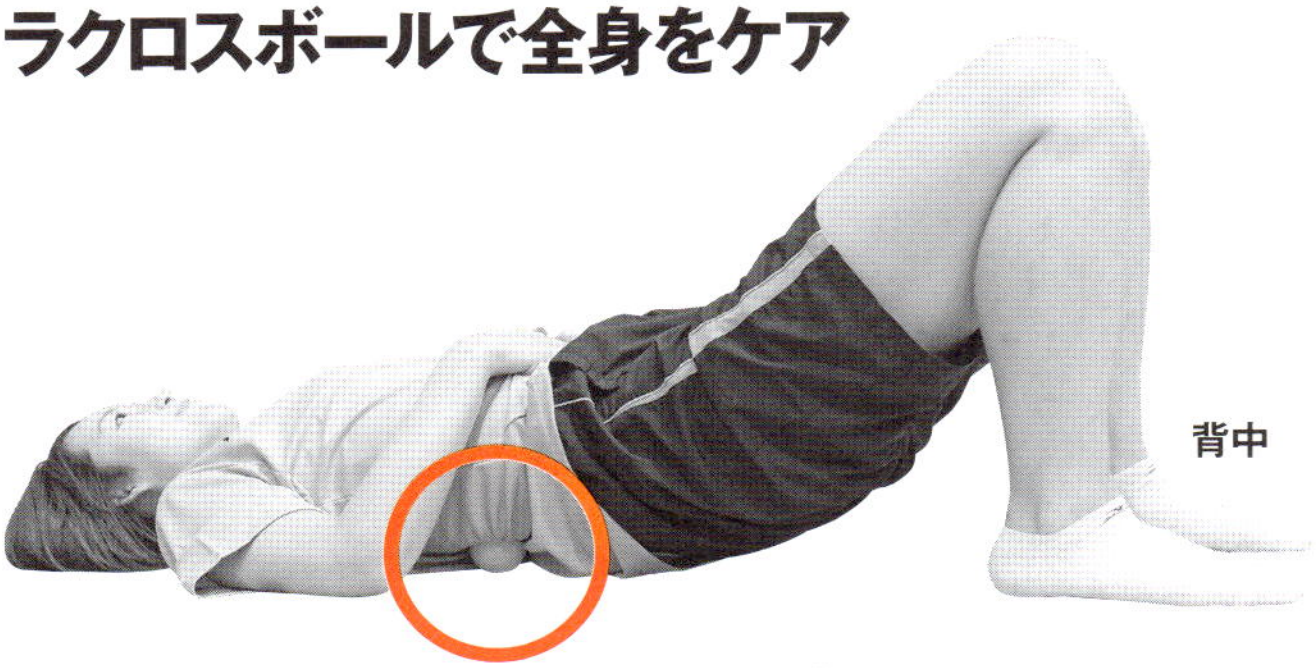

背中

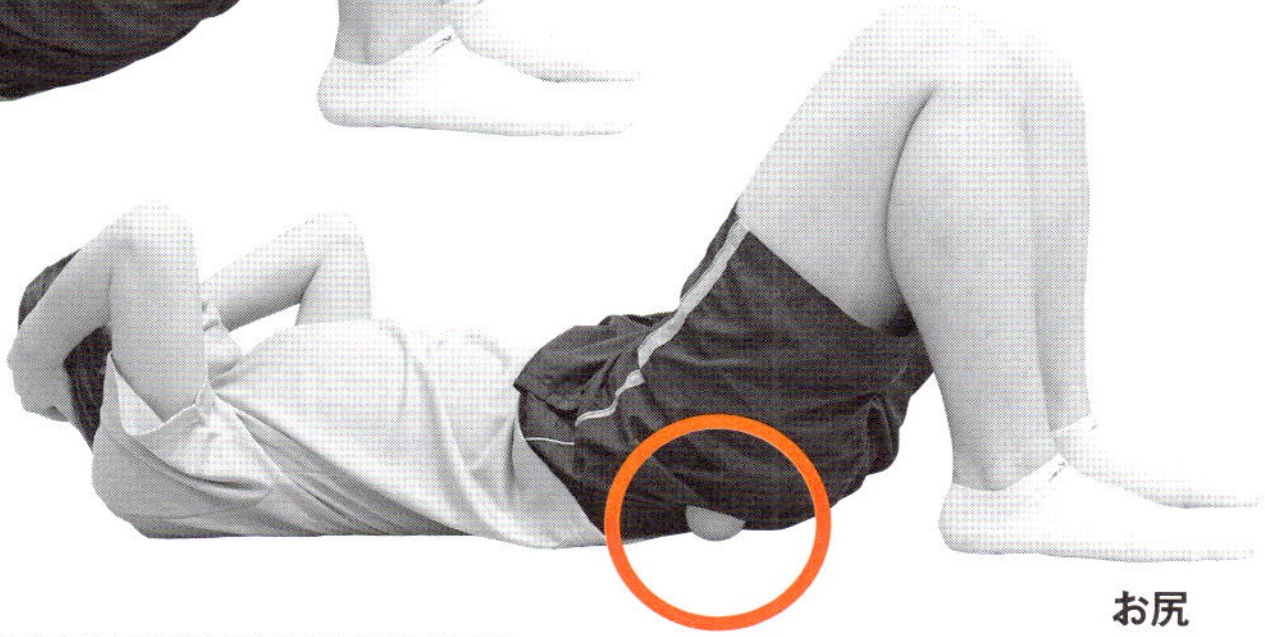

お尻

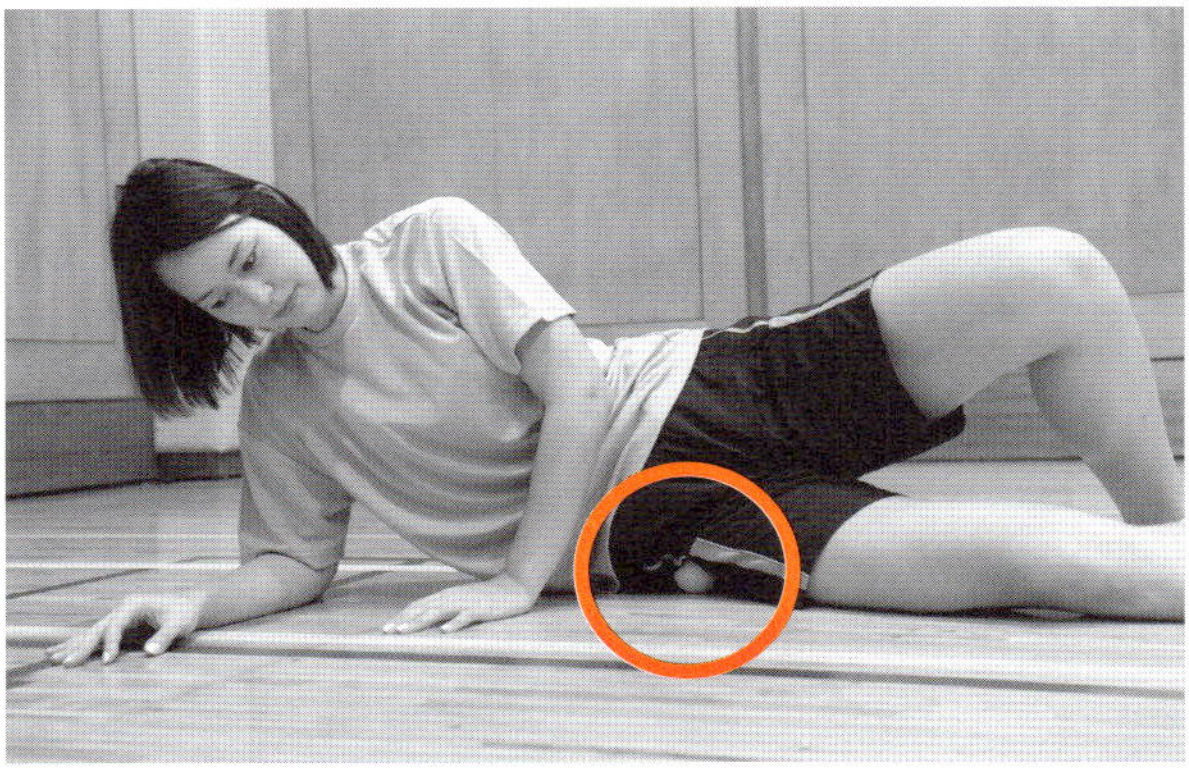

足のつけ根

おわりに

指導のエッセンスを伝えたい

大会で優勝すれば、本当にうれしいものです。高い目標を設定することは、上達の近道です。でも、ただ試合に勝つことだけにとらわれてしまうと、バレーボールの楽しさを見失ってしまうこともあります。

仲間と一緒に汗や涙を流しながら培った信頼関係が、忘れがたい「勝利」をもたらしてくれる。だからこそ、現役選手を引退した今でも、私にとって一緒にプレーをしてきた仲間は、特別な存在です。

また、バレーボールの素晴らしさを教えてくれた先生方やコーチには、本当に感謝の気持ちでいっぱいです。小学生を相手に楽しませながらコツコツと練習を続け日本一に導いてくれた石川泰宏・五月先生。中学では安藤美純先生が、幼さが抜けない私

モデルチーム：下北沢成徳学園高校バレーボール部

たちを温かく見守ってくださいました。成徳学園高校の小川良樹先生には、いちばん影響を受けたと感じています。選手の主体性を重んじて、私たちに考える力をつけさせてくれました。そして今、バレーの指導に携わる中で、日本小学生バレーボール連盟会長の工藤憲先生から現場で多くのことを学ばせて頂いております。

この本を通じて、私が受けた指導のエッセンスが少しでも伝われば、幸いです。

元日本代表　大山加奈

PROFILE

KANA OYAMA

1984年6月19日 生まれ。東京都出身。小学校２年生から東京の名門・「ひまわりバレーボールクラブ」でバレーボールを始め、６年生の時に全日本バレーボール小学生大会で日本一に輝いた。成徳学園中学、成徳学園高校（現・下北沢成徳高校）に進学し、小中高全ての年代で全国制覇を経験。高校時代は主将を務め、インターハイ・国体・春高バレーの３冠を達成した。

この頃から、187cmという身長を活かした高さのあるパワフルなプレーで注目を浴び、2001年には日本代表に初選出。翌2002年には唯一の高校生プレーヤーとして世界選手権と釜山アジア大会に出場した。

2003年、東レ・アローズに入団し、同年開催のワールドカップでは19歳の若きエースとして活躍。一躍、誰からも知られる「バレーボール界の顔」となり、2004年にアテネオリンピックに出場した。その後、2005年のワールドグランドチャンピオンズカップ、2007年のワールドカップに出場。しかし、腰痛の治療に専念するため、2008年に手術を受け、長いリハビリを乗り越えて2009年にV・プレミアリーグに復帰。

2010年6月、現役を引退。その後は、バレーボールの普及活動を精力的に行い、テレビの解説やリポーターとしても活躍している。

STAFF		
	編集	吉田亜衣、内山高子
	執筆	宮崎恵理
	写真	山田高央、坂本清（P66、P122、P138、P156、P172）
		大山加奈提供（P40、P54、P84）
	本文デザイン	島内泰弘デザイン室
	カバーデザイン	柿沼みさと
	DTP	加藤一来
	ヘアメイク	yuppiness hair＆make 事務所

※本書は『バレーボール　練習法＆上達テクニック』（2013年実業之日本社刊）に加筆、修正をして再編集したものです。

パーフェクトレッスンブック

バレーボール

基《き》本《ほん》テク＆練《れん》習《しゅう》法《ほう》

監修者…………大《お》山《おやま》加《か》奈《な》

発行者…………岩野裕一

発行所…………株式会社実業之日本社

〒107-0062　東京都港区南青山6-6-22 emergence 2

電話（編集）03-6809-0452（販売）03-6809-0495

ホームページ…https://www.j-n.co.jp/

印刷・製本……大日本印刷株式会社

ISBN978-4-408-33850-7（新企画）

2406（05）